사^史심을 담다

사^史심을  담다

역사가 이어주는 부모와 자녀의 이야기

홍순지 지음

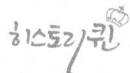

 **추천사**

　홍순지 작가님이 역사논술을 가르치면서 겸비한 지식과 지혜를 책에 담으신다는 말씀에 기뻤습니다. 저처럼 역사를 좋아하는 독자들이 작가의 문장을 알아보길 바랐습니다.

　역사와 일상의 연결이 돋보입니다. 과거 인물 삶에서 오늘을 살아가는 이들이 챙길 사심이 느껴졌습니다. 육아서 대신 『사심을 담다』를 읽어야 한다고 주장할 정도입니다.

　작가가 원장으로 일하면서도 남매를 키워온 과정들이 드라마 장면처럼 스쳐 갔습니다. 작가는 육아 고민을 숨기지 않습니다. 아들의 사춘기 앞에서 우왕좌왕했던 날들, 딸의 기대를 맞추지 못해 미안했던 순간, 일과 가정 사이에서 하루를 버텨낸 경험을 솔직하게 꺼냅니다. 역사 장면을 통해 육아 시간을 다시 바라봅니다. 부끄러움이 용기가 되고 후회가 지혜로 바뀝니다.

　교직생활에서 한국사를 가르칠 수 있는 5학년을 선호했습니다. 어린이들과 역사를 훑으면서 본받을 점과 타산지석으로 삼을 점을 찾습니다. 역사를 처음 접하는 어린이들은 나라 순서도 헷갈리지만, 이들에게 과거는 현재와 연결된다고 가르치고 있습니다.

　오늘 기록이 내일의 에세이가 됩니다. 일과 삶을 연결한 홍 작가의 책처럼 이 책을 통해 독자들도 삶을 글에 담는 기회가 오기를 기대합니다. 당신만의 사심을 담은 삶을 응원합니다.

부모와 자녀는 성장합니다. 완벽함을 위해서가 아니라 서로의 노력을 이해하고 존중합니다. 역사 속 인물과 사건을 통해 성찰하는 엄마였기에 자녀와의 소통도 점점 진솔해지는 거지요.

부모로서 길을 찾고 싶은 분, 육아의 지혜를 역사에서 배우고 싶은 분, 바쁜 일상 속에서도 마음을 넓히고 싶은 모든 분께 이 책을 권합니다. 책장을 덮고 나면, 당신은 조금 더 단단하고, 너그러워진 자신을 발견하게 될 것입니다.

22년차 초등교사이자 세 아이의 엄마,
『여자, 매력적인 엄마 되는 법』 저자

백 란현

 들어가는 글

　시간이 지나야 비로소 선명해지는 것들이 있다. 역사도 그렇다. 과거의 무의미해 보였던 순간이 결정적 사건으로 변모하기도 하고 그 반대가 되기도 한다. 따라서 과거를 안다는 것은 현재의 올바름을 아는 것이며 현재의 가치를 찾는 일이다. 내가 찾아낸 과거의 유의미함은 미래와 연결되어 삶의 원동력이 된다.
　낡고 꼬깃꼬깃한 역사책 틈에는 먼지와 함께 보물이 숨어있었다. 매일 역사 수업을 하다 보니 역사가 주는 보물이 모였다.
　태종처럼 자식을 이해할 줄 알아야지, 선조처럼 옹졸한 리더는 되지 말아야지, 안창호처럼 따뜻하고 겸손한 리더가 되자, 이회영과 유일한처럼 자신의 것을 내어줄 줄 아는 어른으로 살고 싶다…….
　역사가 품고 있는 수많은 지혜를 한 장씩 쌓아가다 보니 어느새 사私심이 가득 찼다. 나에게 가득 찬 사심을 공유하고, 역사가 답을 줄 수 있다는 것을 알리고 싶어 글을 쓰기 시작했다.
　물론 나의 삶도 여전히 실수투성이다. 지금도 늘 고민하고 웃고 울며 매일 전쟁처럼 안과 밖의 아이들과 씨름한다. 하지만 이제 눈 앞을 가리는 불안함 때문에 막막하지는 않다. 많은 사람이 살아온 여정을 곱씹으며, 삶의 궤적이란 물 흐르듯 매끄럽게 흘러가지만은 않는다는 걸, 순조로운 것만이 정답이 아니라는 것을 깨우쳤기 때문이다.
　"세상에 사춘기는 없어. 사춘기란 나약한 아이들이 자기방어를 위해 만든 방패막이일 뿐이니까 괜히 중2 됐다고 '중2병' 들먹이거나 사춘기 왔다고 성질내면 가만 안 둬!"

아들이 어렸을 때부터 내가 자주 하던 말이다. 스물다섯, 아무것도 모르던 시절 낳은 아들은 어느새 훌쩍 커 벌써 함께 미래를 이야기하는 나이가 되었다. 현재 아들은 중학교 3학년, 딸은 초등학교 4학년이다.

미리 방어막을 쳐놓을 만큼 아들의 사춘기가 두려웠던 것 같다. 어려서부터 칭찬만 받던 아들이었다. 어린 시절 친구와 싸움 한번 하지 않던 조심성 있고 착실한 모범생. 일곱 살 때는 유치원 음악회 사회자로 뽑혀 수백 명 앞에서 무대에 올라 엄마를 으쓱하게 해주던 아들. 그 아이가 초등학교 4학년이 될 때까지 나의 일기장은 매일 핑크빛이었다. 핑크빛 마지막 페이지에 적혀있는 아들의 한마디는 이렇다.

"엄마! 아빠는 진짜 좋겠다. 엄마 같은 여자가 부인이라서!"

그런 아들에게 사춘기가 찾아왔다. 12살 무렵부터 눈빛과 행동이 달라졌다. 초등학교 6학년부터 중학교 1학년 때까지 활화산 같은 사춘기를 겪었다. 말썽 한번 안 부리던 아들이라 충격이 더 컸나 보다. 그때 처음 자녀 교육서를 읽었다. 자녀 교육서는 뻔한 이야기라고 생각해 멀리하던 내가 며칠간 매일 잠실 교보문고로 출근해 책을 읽었다. 아들을 떠올리며 밑줄을 치고 사진을 찍고 메모했다.

권위적인 부모가 되어야 한다는 책들이 많았다. 그렇다면 이미 늦었다는 생각이 들었다. 가끔 제대로 군기를 잡긴 했지만, 권위와는 거리가 먼 엄마였기 때문에. 일요일이면 함께 축구하고 야식도 만들어 먹는 친구 같은 엄마였다. 이미 중학생이 되어 나보다 훌쩍 커버린 자존심 강한 아들에게 갑자기 권위만 세우려고 한다면 그게 받아들여질까? 아이에게 들이대는 낯선 권력은, 어쩌다 아이의 행동을 교정할 수는 있어도 마음은 영영 놓칠 것 같았다. 아이의 기질에 따라 시기에 따라 다른 양육의 지혜가 필요하다는 생각에 이르러 책을 덮고 나와 아들의 상황을 되짚었다. 그렇게 얼마간은 생각만 했다.

어떻게 키워야 하는지 고민하다가 어떻게 살아야 하는지까지 도달하곤 했다. 어떻게 행동해야 하는지에 대한 고민은 결국 내가 어떻게 나이 들어야 하는지에 대한 문제였다. 어른은 많지만, 누구나 어른다운 것은 아니다. 올바른 양육자가 되기 위해서는 내가 먼저 진짜 어른이 되어야 했다.

어느새 나의 고민과 역사가 맞닿았다. 역사와 나를 연결 지으며 생각하니 조금씩 세계관이 넓어졌다. 잔소리하고 싶을 땐 자식을 몰아세우며 끊임없이 간섭하고 핀잔주던 아버지 영조와 그로 인해 불안하고 괴로웠을 사도세자를 생각한다. 실수와 실패로 잠을 못 이루고 뒤척일 땐 역사 속 실패를 떠올리며 답을 찾는다. 역사 속 수많은 인물처럼 현명하고 품이 넓은 어른으로 나이 들고 싶어 역사의 메시지를 정리하다 보니 사史심은 어느새 한 권의 책이 되었다.

지금 와 돌아보면 우리 아들의 사춘기는 주변에 비해 그리 큰 파장이 아니었던가 싶기도 하다. 그땐 출구도 보이지 않는 까만 어둠 같던 시간이 지금 보니 추억이다. 아들이 성장하기 위해 꼭 필요한 시간이었고 엄마인 나에게도 그 의미는 다르지 않았다.

부모로 살다 보면 가끔 명치가 답답해지는 순간들이 있다. 나는 잘 체했다. 누구한테도 화를 낼 수 없는데 자꾸 화가 났다. 둘째를 낳고 한참이 지났지만, 체력이 회복되지 않았다. 둘째 돌이 지날 때까지도 집안 청소를 한 번에 하지 못해 중간에 쉬었다. 샤워할 때도 잠시 앉았다. 등 한가운데가 너무 아파 한의원도 다녔다. 맥을 잡던 한의사의 첫마디가 기억난다.

"할 말이 많은데 하지를 못 하네. 속에 화가 있어서 그래. 위로 화가 올라오니까 소화도 안 되고 힘들 수밖에. 너무 착한가 보네. 말을 좀 하고 살아."

순간 울컥 눈물이 났다. 같이 간 엄마와 이모가 계시지 않았다면 그 자리에서 묵은 눈물을 다 쏟아냈을 거다. 엄마로 사는 삶과 아직 놓지 못한 여성으로 사는 삶, 이루고 싶은 것과 할 수 없는 것들 사이에서 느꼈던 외로움과 죄책감 때문이었던 것 같다. 부모의 자리란 그런 걸까? 아무것도 몰랐지만, 아이를 낳았다고 해서 다 알아야 하는 자리. 나에게 기대되는 역할과 능력이 야속하게 증식되는 자리 말이다.

이제 육아의 긴 터널 중 두려운 초입은 지났다. 하지만 여전히 힘에 부칠 때가 있다. 궁지에 몰려 막막할 때는 빠져나갈 수 있는 지혜와 그만큼의 따뜻한 위로가 필요하다. 할 일이 많아 한숨을 쉬고 있으면 딸이 다가와 등을 쓸어준다. 고사리 같은 손을 내 등에 둥글게 문지르며 '엄마 괜찮아?' 하고 웃어준다. 아이가 따뜻한 손을 얹으며 숨을 전해주면 나는 다시 힘을 낸다.

이 책을 펼친, 존경하는 부모들의 등에 가만히 손을 올려 나의 온기를 전한다. 역사가 들려주는 지혜의 메시지를 통해 긴 터널을 지날 빛과 용기를 얻을 수 있기를, 부모로서의 삶을 아끼고 즐기며 살아갈 수 있기를 간절히 소망한다.

목 차

추천사 04

들어가는 글 06

1장. 나를 다스리는 사史심-경계할 것과 필요한 것

1-1. 세종도 완벽하지 않았다 14

1-2. 불안했던 아버지 영조 19

1-3. 인종의 뒤틀린 인정욕구 24

1-4. 자신의 애꾸눈을 흡족해한 신규식 29

1-5. 갈등과 전쟁이 이어졌던 고려 34

1-6. 진짜 부자 이회영 40

1-7. 이혼에도 당당했던 나혜석 44

1-8. 김규식과 여운형이 알려주는 중도의 힘 49

1-9. 윤동주와 친구들 54

2장. 자녀를 위한 사史심

2-1. 화를 참지 못한 숙종 60

2-2. 포기하지 않은 신라 65

2-3. 전쟁 속 적절한 포지셔닝 70

2-4. 소헌왕후를 아끼던 세종, 세종을 믿은 소헌왕후 75

2-5. 일과 사랑을 다 놓친 공민왕 80

2-6. 자신을 낮추고 주변을 살피던 안창호 85

2-7. 준비성 하면, 여운형 90

2-8. 치열했던 독립운동가들 95

2-9. 같은 날 같은 장소에 같은 목표로 찾아간 전명운과 장인환 100

Special interview '내가 몰랐던 아들의 모습' 105

3장. 부모를 위한 사史심

3-1. 태종처럼 관용적인 부모도 괜찮아 110

3-2. 잔소리 대왕, 무서운 아빠 영조 115

3-3. 아빠처럼은 안 살고 싶었던 연산군 120

3-4. 우리집에 정약용이 산다. 125

3-5. 이혜련을 그리워한 안창호 131

3-6. 방정환 못지않은 우리 삼촌 136

3-7. 딸 바보 효종 140

3-8. 아들의 독립심으로 엿본 조선의 독립 144

Special interview '사춘기는 딸이 더 심하다니까?' 149

4장. 사史심이 알려주는 부모의 방략

4-1. 때로는 전략가 정도전처럼 154

4-2. 인조가 보인 감정적 의심의 최후 158

4-3. 선조의 욕심이 초래한 파국 163

4-4. 조선 사대부의 쓸데없는 자존심인가 필요한 자존감인가 168

4-5. 독립군의 암호만큼 중요한 것 173

4-6. 정조가 알려주는 유연함 178

4-7. 신사임당의 진짜 모습 183

4-8. 엄마의 징비록 187

Special interview '아들에게 솔직함을 배운다' 193

마치는 글 196

제1장

나를 다스리는 사史심

- 경계할 것과 필요한 것

1-1.

세종도 완벽하지 않았다.

　스물셋, 신입사원 시절 남편을 만났다. 함께 면접 본 입사 동기였고 입사 후 비슷한 방향을 핑계로 자주 만나다 보니 호감이 생겨 자연스럽게 연인이 되었다. 난 본사에, 남편은 본사와 가까운 지점에 근무했다. 결혼을 앞두고 '회사는 사내 결혼을 안 좋아한다. 한 명은 그만둬야 한다더라' 말이 많았지만, 소문과 달리 회사는 전혀 그런 요구를 하지 않았다. 오히려 여러 이유로 내가 회사를 그만두려 할 때 끊임없이 설득과 타협을 해주었다.

　눈물겨운 노력 끝에 입사했고, 본사로 발령받아 모두가 부러워할 직무를 맡고 있었다. 유명 디저트를 먹기 위해 일본 출장을 갈 정도로 트렌디한 디저트 브랜드를 찾아다니는 것이 일상이었다. 빵순이가 마음껏 빵을 먹으며 평가하는 것이 일이었으니 얼마나 감사한 직무였는지 지금 떠올려봐도 황홀하다. 공중파 방송의 인터뷰도 해보고 기사에도 나오며 그야말로 전성기를 달리고 있을 때 이른 결혼을 했다.

탄탄대로 같던 회사를 그만둔 결정적인 이유는 육아였다. 친정엄마가 당시 4살이던 아들을 봐주고 계셨다. 자신의 모든 에너지를 아이에게 쏟아 지극 정성으로 돌보셨다. 하지만 아들은 그때까지 젖병으로 밤중 우유를 1L나 먹을 만큼 고집이 세고 밤잠을 길게 자지 못했다. 아이에게 엄마의 손길이 필요하다는 생각 때문에 매일 퇴사를 고민했다. 회사를 언제까지 다닐 수 있을지 가늠하다 보면 화창한 봄날 같던 앞길이 안개 낀 듯 뿌옇기만 했다. 분명 같은 직장, 같은 직무였는데. 얼마 전까지 바쁘게 뛰어다니며 커리어 우먼인 척 뽐내던 모습이 무색했다. 성공보다 가정과 아이를 더 소중히 여기게 된 내 모습이 낯설어 마음이 소란스러웠다. 일과 가정을 함께 쥘 줄 모르는 미숙한 이십 대 엄마였다.

당시 퇴근 시간은 밤 9시~10시였다. 평일에는 아이를 온전히 친정에 맡길 수밖에 없었는데, 엄마에게 죄송한 마음과 아이에 대한 그리움으로 업무에 집중할 수가 없었다. 조금이라도 빨리 끝나는 날이면 친정으로 달려갔다. 만류하는 엄마를 뒤로하고 아이를 데리고 와 잠을 자는 둥 마는 둥 아이와 밤을 보내고 겨우 일어나 출근했다. 몸은 버거웠지만 그래야 조금이라도 사는 것 같았다. 그러다 보니 집안일할 시간도 여력도 없었고 집은 엉망이었다. 아이 생각만 하다 보니 회사에도 예전만큼 애정이 생기지 않았다. 집도 엉망, 회사 일도 겨우겨우 버티는 생활에 스트레스만 쌓여갔다. 무엇 하나도 제대로 해내지 못하는 상황에서 벗어나고 싶었다. 작가 은유의 구절이 떠오른다.

'한 여자의 개체성은 상실되고 엄마나 어머니로 호명되는' 시기. '욕망의 주체가 아닌 돌봄 노동의 대명사로' 불리게 되던 시기. 그 시기로의 변화를 견디지 못하고 나는 퇴직했다.

지금 돌아보면, 모든 것을 인정했어야 한다. 아이가 생기고 가정이 생기면 회사를 예전만큼 사랑할 수 없다. 당연한 일이다. 일과 육아, 집안일 병행을 하다 보면 엄마로서 더 부족할 수밖에 없다. 이 또한 당연한 일이다. 당연한 일을 받아들이지 못하고 못 견뎠다. 잘하고 싶었으니까. 회사 일에 집중하지 못해 자책했고 아무도 주지 않는 눈치를 보며 힘들었다. 자신감을 잃었다. 회사가 이런 나를 원하지 않을 것 같았다.

가족에게도 미안한 마음만 들었다. 아직 젊고 꿈 많던 오십 대 엄마에게 갓난쟁이를 안겨, 엄마의 자유를 빼앗은 못난 딸이 되어 죄송했다. 안정적으로 육아를 전담하지 못하는 못난 엄마여서 속상했고, 집안일에 미숙한 부인을 두어 먼지 구덩이에 사는 남편에게도 미안했다. 초보 엄마였던 나를 응원해 주는 모습은 보지 못하고 혼자 모든 역할을 완벽히 해내고 싶어 괴로워했다. 완벽하지 않아도 괜찮다는 것을 그때는 몰랐다.

결혼 초, 오랜만에 만난 친구와의 대화가 기억난다. 친구도 대기업에 다니는 맞벌이 부부였다. 친정엄마도 시어머니도 곁에 계시지 않아 회사 다니며 육아 전쟁을 치르고 있었다. 친정 부모님의 도움 없이 일과 육아를 병행한다는 것이 상상조차 되지 않던 나는 친구에게 물었다. 늦게 퇴근하고 회식까지 잦으면 집안일을 어떻게 하냐는 나의 질문에 친구는 눈을 동그랗게 뜨고 대답했다.

"집안일? 안 하지. 안 해. 못 해! 반찬도 필요한 것만 사 먹고. 평일엔 엉망으로 사는 거지 뭐."

무심하게 말하며 웃는 친구가 정말 달라 보였다. 경이로웠다. 체면 차리는 나 같은 여자는 아무렇지 않게 뱉지 못할 말이다. 이후 나는 친구의 한마디를 상기시키며 살고 있다. '안 해도 돼', '청소 안 해도 안

죽어' 대범한 사람인 양.

세상에 완벽한 사람은 없다. 누구나 부족한 면이 있고 취약한 점이 있다. 누구나 한쪽으로 조금은 치우치기 마련이고, 부족한 틈이 존재한다. 다 잘하는 것으로 보이는 사람일지라도 상황에 따라, 나이 듦에 따라 빈틈이 생긴다. 그리고 우리는 그 부족함을 채워주기 위해 혼자가 아니라 함께 살아간다.

손꼽히는 성군 조선 왕 세종. 한글 창제에 과학기술 발달, 영토까지 확장하며 태평성대를 이룬 세종은 모자란 점 없이 완벽해 보이지만, 그 모든 일은 혼자 이룬 것이 아니다. 즉위 초에는 뒤를 든든하게 지켜준 아버지 태종이 있었고, 정사를 함께 논의하던 집현전 학자들이 있었으며 재위 후기 건강이 안 좋을 땐 든든하게 세종을 지켜준 아들, 세자(문종)가 있었다.

재위 18년, 건강이 악화되자 세종은 모든 국정을 왕이 직접 주도적으로 처리하는 6조 직계제라는 운영체제 대신 의정부 대신들의 역할을 강화한 의정부 서사제로 전환한다. 세종 말기 약 8년간은 아들 문종이 대리청정으로 업무를 보았으니, 문종의 치세라고 해도 과언이 아니다. 본인의 강점과 약점을 적절히 알고 업무를 조율했던 세종. **완벽히 해내고 싶다면, 자신이 모든 것을 움켜쥐고 완성하려고 하기보다는 소통과 배분을 통해 제일 나은 선택을 할 수 있어야 한다.**

"엄마, 오늘 영어 학원 안 가고 쉴게. 게임을 하지는 않을 거고. 수학 숙제하면서 책 보고 있을게. 자세한 건 저녁때 이야기하자."

며칠째 컨디션이 좋지 않던 아들은 오늘 학원을 가지 않겠다고 문자로 통보했다. 평소 같으면 결석을 정당화시키고 자신에게 닥칠 피해를 최소화하기 위한 온갖 변명으로 열 번 넘게 이어졌을 메시지 진동음이 오늘은 예사롭지 않게 한번 울리고 말았기 때문에, 나도 아들에게 득달같이 전화하지 않고 내버려두었다.

일이 끝나자마자 퇴근을 서둘렀다. 손만 대강 씻고 아들 방으로 들어가 마주 보고 앉았다. 아들의 이야기를 들어보니 김이 샐 정도로 별다른 이유는 없었다. 그저 좀 쉬고 싶었단다.

대화를 시작한 김에 잠시 이야기를 나눴다. 아들은 지난주 삔 손목과 이틀 전 걸린 감기로 숙제를 다 하지 못했고 그래서 더 학원을 가기 싫었다고 고백했다. 그리고 자신의 문제점을 정확히 짚었다.

"난 좀 완벽주의 경향이 있나 봐. 숙제를 다 못하거나 부족한 부분이 있으면 학원 가기가 싫어."

자신의 속마음을 말해준 아들을 다독이기 위해 강한 어조를 취하지는 않았지만 그건 회피라고 말해주었다. 완벽히 잘하고 싶은 마음과 칭찬받고 인정받고 싶은 욕심. 그리고 그게 마음처럼 이루어지지 않을 때 돌아서고 싶은 나약함까지 나를 닮았다는 생각이 스치자, 아들이 안쓰러웠다. 아들을 볼 때마다 나를 닮았다는 생각을 많이 한다. 마흔을 앞두고서야 내가 깨닫는 것들을 아들이 알았으면 좋겠다.

'혼나더라도 틀리더라도 주어진 위치에서 최선을 다하며 빈틈을 받아들일 줄 알아야 해. 그 빈틈과 그만큼의 정도, 그게 너 자신의 모습이야. **모든 것을 잘할 수도 없고 잘할 필요도 없어. 그저 성실하게 주어진 길을 걸어가면 되는 거야. 완벽할 수 없다고 생각하면 좀 편해지지 않을까? 완벽함보다 성실함에 더 가치를 두고 살았으면 좋겠어.**'

얼굴은 아들을 향하고 있었지만 나에게 하는 말 같았다.

1-2.

불안했던 아버지 영조

조선 대표적인 예민 군주 영조. 영조는 꼼꼼하고 자기관리가 엄격한 인물이었다. 소식하고 검소했던 영조는 육식을 선호하지 않아 채식 위주의 단출한 식사를 즐겼고, 홍삼을 자주 달여 먹으며 건강관리를 한 것으로 유명하다. 조선왕조실록에는 자신의 건강을 염려하는 영조의 모습이 자주 등장한다. 재위 기간 중 7,000번 넘게 건강 검진을 받았다고 알려져 있다. 그 덕분인지 조선 왕 중 가장 오랜 기간 재위했다.

예민했던 만큼 염려도 많았다. 밖에서 마뜩잖은 이야기라도 들으면 견디지 못하고 서둘러 양치질하거나 귀를 닦아 불길한 것을 씻어내고 나서야 침전에 들었다는 영조. 무수리 출신 어머니를 두었던 영조는 자신을 업신여기는 신하들을 경계하고, 자신을 앞세워 권력을 잡고자 하는 신하들에게 휘둘리지 않으려 애쓰며 위태롭게 권력의 줄타기를 이어갔다. 그로 인해 그의 예민함과 불안함은 더 고조된다.

결국 쌓이고 쌓인 불안과 자격지심 때문이었는지, 불안정했던 영조는 폭발한다. 하필 부모로서의 면에서 무너졌다. 자식을 지켜내지 못했다. 아니, 지켜내지 못한 수준이 아니라 죽음으로 내몰았다. 희대의 미스터리로 남은 임오화변이 그것이다. 1762년 초여름, 사도세자가 뒤주에 갇혔다가 8일이 지나 사망한 사건. 당파 싸움 속에서 권력을 잃을지 모른다는 걱정과 자신이 일군 나라가 아들로 인해 망가질지도 모른다는 불안감에 휩싸였던 영조는 아들 사도세자의 비행을 두고 볼 수 없었다. 쏟아지는 상소와 사방에서 들려오는 세자를 향한 질타를 견디지 못한 영조는 결국 자식을 뒤주에 가두어 죽였다.

영조가 군주로서의 백성을 보듬을 뿐 아니라 아들을 향한 시선을 가다듬을 줄 알았다면, 자신의 감정을 다스릴 줄 알았다면, 아들의 죽음보다 현명한 해결책을 찾지 않았을까? 예나 지금이나 **지나친 걱정과 불안은 눈을 흐리게 하고 올바른 판단을 막는다.**

불안이 없는 현대인이 얼마나 있을까. 누구든지 때때로 자신 깊숙이 숨어 있는 불안을 만난다. 걱정과 불안이 많은 성격을 논한다면 나는 어디서 지지 않는다. 어려서부터 걱정이 많았다. 대여섯 살 때부터 외출할 때면 앞서가는 엄마를 두고 다시 집으로 들어가 가스 밸브를 몇 번이고 살피고 나오던 아이였다. 일어나지도 않은 일, 일어나지 않을 일을 걱정하며 살았다.

늦은 저녁, 잠자리에 드는 시간. 오늘도 나는 수면 양말부터 찾는다. 양말이 없으면 숙면을 하기 어렵다. 열대야가 이어지는 한여름 며칠이 아니고는 매일 양말을 신고 잔다. 특히 여행이라도 간다면 양말 두어 개는 필수다. 가장 먼저 캐리어 구석에 양말부터 쑤셔 넣는다.

양말을 신고 자는 건 어렸을 때부터 이어진 습관이다. 언제부터였는지는 알 수 없지만 가장 오래된 기억은 어느 해 여름휴가 속 한 장면이다. 이모네와 가까이 사는 우리는 해마다 함께 여행을 다녔다. 초등학교 3학년 여름에 찍은 걸로 보이는 사진이 한 장. 이모네와 죽도록 다녔다는 동해 죽도 해변을 또 찾았던 날이다. 바닷가 앞 민박집 평상에 온 가족이 모여서 웃고 있는 사진 속에는 한쪽 양말만 신고 신나게 춤을 추고 있는 내 모습이 클로즈업되어 담겨 있다.

옆에 앉아 계신 우리 이모의 한쪽 발 양말이 없다. 한쪽은 나에게 있었으니까. 한참 떼를 써 이모의 양말을 빼앗아 신고는 어깨를 한껏 움츠리고 당시 유행어 '아 웅애예요'를 흉내 내고 있다. 마치 승리의 세리머니처럼. 기가 막히셨는지 엄마는 사진까지 찍어두셨다.

양말을 신지 않으면 불안했다. 그 불안의 기원이 어디인지는 모른다. 잘 알지 못하는 새로운 환경일수록 그랬다. 확신할 수 없는 환경에 대한 공포로부터 나를 보호하기 위해 할 수 있는 가장 쉬운 방어기제였던 것 같다. 양말을 신으면 마음이 놓이고 긴장이 풀려 편히 잠들 수 있었다.

이 예민함과 불안함은 주로 자는 시간에만 정체를 드러낸다. 낮에는 오히려 양말을 안 신는 것이 더 편하다. 운동장 흙바닥에 털퍼덕 앉아서도 시시덕거렸고 사소한 고민으로 울고 웃는 일부 여자 친구들과 달리 별다른 고민도 없는 무던한 성격이었다. 그저 잠자리에만 특히 예민했다.

여행을 많이 다니지 않아서 그랬던 건지 예민해서 여행을 자주 못 다녔던 건지, 무엇이 먼저인지는 알 수 없지만 학창 시절 외박을 좋아하지 않았다. 모두가 잠든 밤, 혼자 잠을 이루지 못해 뒤척이기 일쑤였으니까. 대학교 신입생 O.T.때도 차라리 모두 같이 밤을 새우면 좋겠다고 생각했다. 당시 친해진 한 친구는 내가 술을 무척 좋아하는 줄 알았단다. 잠을 안 자고 자꾸 더 놀려고 했으니 말이다.

활동적인 남편을 만나 이제는 자연스럽게 집을 나서고 여행을 다니는 사람이 되었다. 여전히 잠자리에는 예민한 편이지만 내 아이들은 나처럼 불편함을 느끼며 크지 않도록, 아이들이 다양한 환경에 익숙해질 수 있도록 함께 뒹굴면서 여행을 다니고 있다. 옷을 어떻게 입고든, 어떤 이부자리든, 누가 코를 골든 말든 잠을 푹푹 잘 잘 수 있는 아이로 키우고 싶은 마음이다. 나처럼 속앓이하는 사람으로 키우고 싶지 않아 부지런히 다닌다. 모성애가 다 이겼다.

여전히 양말은 신고 잔다. 어설프게 자신을 고치려 했던 때에는 양말을 벗고 자야 불안감이 고쳐진다고 생각했다. 양말을 안 신고 자려고 애써보고 자책하기도 했지만, 생각을 바꿨다. 양말을 신고 자면 어떤가, 그로써 편안함을 가질 수 있다면 다행이다. 양말이 없어도 잘 잘 수 있는 마음가짐을 가지는 것도 중요하지만 문제시되지 않을 수 있는 일을 문제시하는 것, 걱정하지 않아도 될 것을 걱정하는 것이 더 큰 문제다. 약점을 정확히 인지하면 마음은 한결 가볍다. 불안함의 실체를 파악하면 더 이상 그에 압도되지는 않는 것처럼.

예민함은 달리 보면 섬세함이다. 영조는 세심하게 백성을 살폈다. 그 덕분에 영조 치세에는 실생활에 필요한 여러 개혁이 이루어졌다. 청계천 준천 사업, 서원(사립 교육 기관) 정리, 세금 제도 개편, 가혹한 형벌 금지 등의 업적을 살펴보면 '예민'했던 만큼 '애민'한 군주라는 것도 알 수 있다.

우리의 불안도 마찬가지다. **잘 다듬어지지 않은 불안은 공격적이고 위태롭지만, 통제된 불안은 또 다른 잠재력이 될 수 있다.** 다가올 위기에 선행하여 대비할 수 있고 새로운 변화나 개혁도 손쉽게 끌어낼 수 있다. 잘 다스려 그 너머에 있는 잠재력을 볼 수 있다면 불안은 약점이 아니라 강점이다.

  나 역시 예민하고 섬세한 덕분에 아이들의 애처로운 눈빛 하나에 다름을 감지하고 도움을 줄 수 있는 어른이 되었다. 예민함도 아이들을 살뜰히 살필 수 있는 '엄마력'이 되어주었으니, 장점이라고 우겨보련다.

1-3.

인종의 뒤틀린 인정욕구

조선 시대, 세자로 오랜 시간 재위한 왕은 대체로 장수하지 못하고 일찍 죽음을 맞이했다. 그 대표적인 예가 '문종'과 '인종'이다. 그중 12대 인종은 조선 왕 중 가장 짧은 재위 기간을 가진다. 20년 넘게 세자로 지내던 인종은 왕이 된 지 약 8개월 만에 승하한다.

잘 해내야 한다는 부담감. 부왕의 기대에 부응해야 한다는 압박과 끝없는 테스트, 그리고 주변의 시선과 질책이 몸과 마음의 병을 만들었을 가능성이 크다. 주변의 기대와 시선으로 인해 자신을 돌아보고 살필 시간을 갖지 못한 탓이 아닐까. 인정받고 싶고 타인의 기대나 세상이 만들어 놓은 잣대를 충족시키고 싶은 인정욕구는 예나 지금이나 다르지 않나 보다. 다만 인종의 인정욕구는 미련하리만큼 순종적이고 뒤틀린 것이었다. 왕좌의 무게를 버티기에 인종은 너무나 올곧고 여린 성품이 아니었나 싶다.

인종은 건강이 좋지 않아 일찍 죽었다고 알려졌지만 사실 어린 시절이나 즉위 당시 특별히 문제가 있었던 것은 아니었다. 아버지 중종 사망 후 국상을 치르며 몸을 돌보지 않았던 것이 문제였다. 과도한 행차나 삼우제 등의 일정을 무리하게 소화하다 보니 급격히 몸이 안 좋아졌다. 중종 사망 후 며칠간 물 한 모금도 입에 대지 않았고 몇 달 동안 죽만 겨우 먹었다고 하니 당연한 결과가 아닐까 싶다. 결국 1545년 7월 1일, 인종은 요절한다.

인종이 병을 얻게 된 데에는 문정왕후와의 갈등 탓도 있다. 인종은 일찍 세상을 떠난 친모 대신 새어머니인 문정왕후의 보살핌을 받으며 자랐다. 자식이 없던 문정왕후는 인종을 방패 삼아 궁 생활을 했다. 인종은 문정왕후의 기대에 부응하고자 그녀를 극진히 모셨던 것으로 알려져 있다. 하지만 17년 만에 자기 아들을 낳은 문정왕후는 돌변하여 인종을 박대한다. 인종이 받았을 마음의 상처가 얼마나 컸을까? 야사에는, 문정왕후가 결국 인종을 독살하려고 독이 든 떡을 전했고 효심 지극한 인종이, 독이 든 것을 알면서도 문정왕후를 실망시킬 수 없어 그것을 삼켰다는 이야기까지 전한다. 왜곡된 효심이다.

등교 준비로 정신이 없는 오전 8시.

"엄마!"

나를 올려다보는 초등학교 3학년 딸의 눈빛이 반짝거린다. 까만 눈으로 무언가를 간절히 말하고 있다. 순간 정신이 번쩍 든다. 얼른 뭐가 달라졌는지 알아내야 한다는 조급한 마음으로 딸을 훑어본다.

"아! 우리 소연이 혼자 씻고 나왔구나! 대단하다. 이제 엄마가 안 씻겨줘도 되네! 너무 멋져!"

한껏 호들갑을 떨며 큰 소리로, 아주 큰 소리로 칭찬을 해주니 그제야 딸이 씨익 미소를 보이며 나머지 준비를 하러 방으로 들어간다. 뿌듯함을 가득 머금고 방으로 들어가는 당당한 걸음걸이에 웃음을 감출 수가 없다. 며칠 사이에 키가 부쩍 컸다.

저녁 샤워는 2학년이 되던 때부터 스스로 했다. 하지만 오히려 아침 세수는 내가 해주었다. 간단히 하는 아침 세수인데 옷이 다 젖고 바닥까지 물난리가 나니 후딱 해주고 말아야지 싶어서 수건을 두르고 대강 얼굴을 문질러 세수를 시키곤 했다. 하지만 그날은 스스로 화장실에 들어가 야무지게 씻고 나온 것이다. 칭찬을 들은 딸은 그날 이후 여름방학을 지나 2학기를 맞이한 지금까지 하루도 빠짐없이 아침 루틴을 이행하겠다는 자신과의 약속을 지켰고 이제 올바른 기상 습관을 갖게 됐다. 아침에 일어나서 스스로 머리를 빗고 묶고 개운하게 세수부터 하고 나온다. 엄마를 기쁘게, 편하게 해주고 싶어 하는 아이의 마음이 늘 고맙다.

퇴근 후 바쁜 저녁 시간.

"엄마!"

부르는 소리에 서둘러 방으로 가보니 딸이 또 흐뭇한 표정과 반짝거리는 눈으로 나를 바라본다. 침대 머리에 기대앉아 있다. 이번에도 무슨 일인지 알아채는 데에 잠시 시간이 걸렸다. 찬찬히 살펴보니 무릎을 세우고 앉아서 그 위에 책을 올려놓고 있었다.

"우리 소연이 스스로 책 읽고 있네! 훌륭해!"

나의 칭찬을 기다렸던 딸은 그제야 미소를 지으며 책에 다시 집중한다. 책을 읽는 건 당연한 생활 습관이다, 저녁 준비하느라 바빠 죽겠는데 그만 좀 불러라, 잔소리하고 싶지만 겨우 참았다. 한 번 더 부르면 냉정하게 잔소리를 던져줄 타이밍이라 생각하며 음식을 준비하는데 이제 조용하다. 눈치는 있는 아이다.

늘 주변 사람들의 기분을 살피는 아이. 가족을 즐겁게 해주기 위해 우스꽝스러운 표정으로 유쾌함을 선사하는 아이. 가족에게 기쁨을 주고 칭찬받고 싶어 하는 딸의 마음이 고맙지만, 한편으로는 안쓰럽다. 엄마, 아빠, 선생님의 칭찬이나 할머니, 할아버지의 웃음을 기대하며 자신이 원하는 것을 고집하기보다는 많은 양보를 하는 딸의 모습을 보면 애잔하다. 괜찮다고, 네가 정말 원하는 일일 경우에는 꼭 말하라고, 타인이 원한다고 무조건 양보하지 말고 정말 원하는 일은 소신대로 고집할 줄도 알아야 한다고 일러 주지만 마음이 여리고 정이 많은 딸에게는 쉽지 않다. 이 아이가 자라면서 점차 자신의 주장이 또렷해질 때 타인을 위한 이타심에 부딪혀 쉬이 지치지 않기를 바란다. 옳은 일이라는 확신이 있다면 쉽게 포기하지 않고 자신의 마음을 지킬 수 있길 바란다.

아이에게는 주변이 보이는 기대치가 큰 부담이 될 수 있다. 부모의 기대에 부응하려는 마음 자체가 원동력이 되어 아이의 발전을 끌어낼 수 있음은 물론이지만, 지나친 부담은 심리적 압박을 키워 부정적 결과를 초래할 수 있다. 따라서 어려서부터 자신의 마음을 돌볼 줄 아는 자세를 가질 수 있게 이끌어주는 것이 중요하다. 소극적이거나 유순하고 섬세한 아이일수록 부모나 주변의 기대 충족을 목표로 삼아 자신을 잃어버릴 수 있다.

부유함이라는 것은 많은 것을 소유하는 것이 아니다. 절대적인 것이 아니기 때문이다. 우리가 갈망하는 것을 소유하는 것. 내 욕망에 따라 달라지는 상대적인 것이다. 우리는 우리의 마음에 따라 충분한 부자가 될 수도 그 반대가 될 수도 있다. 아이에 대한 기대 역시 마찬가지다. 아이를 잘 키운다는 것은 무조건 명문대를 보내거나, 명성 있는 인물을 만드는 것이 아니다. 우리가 기대하는 목표가 무엇인지에 따라 내 아이는 최고의 아이로 성장할 수 있다. 부모에게도 스스로에게도 떳떳하게 자라면 자연스레 높고 단단한 자존감을 가진 어른이 될 수 있지 않을까.

　마흔을 앞두고 보니 세상을 보는 기준이 달라진다. 돈 많고 조건 좋은 사람보다 뚜렷한 자신만의 기준과 목표를 가진 사람에게 눈길이 간다. **다른 사람을 실망시킬 것을 두려워하지 말고, 자신에게 진실하고 떳떳한 사람이 되어 자기의 기준과 목표를 채워나가는 밀도 있는 삶을 살았으면 좋겠다.**

1-4.

자신의 애꾸눈을 흡족해한 신규식

『셰이커』의 주인공 나우는 생각한다.
 -세상은 내 의견과는 상관없는 일들이 너무 많이, 자주 일어난다. 그리고 그 억울한 시간을 묵묵히 견디는 게 삶이라는 걸 알게 되었다. 전장을 누빈 장수의 몸처럼, 사람의 마음에도 수많은 상흔이 생긴다. 이런 깨달음이 하나둘 늘어 가면 세상은 비로소 그를 어른이라고 부를까.

『긴긴밤』 속 코끼리가 말한다.
 -눈이 멀어 이곳에 오는 애도 있고, 절뚝거리며 이곳에 오는 애도 있고, 귀 한쪽이 잘린 채 이곳으로 오는 애도 있어. 눈이 보이지 않으면 눈이 보이는 코끼리와 살을 맞대고 걸으면 되고, 다리가 불편하면 다리가 튼튼한 코끼리에게 기대서 걸으면 돼. 같이 있으면 그런 건 큰 문제가 아니야. 코가 자라지 않는 것도 별문제는 아니

지. 코가 긴 코끼리는 많으니까. 우리 옆에 있으면 돼.

교재를 선정하려고 청소년 소설 몇 권을 쌓아놓고 읽다가 머릿속에 막무가내로 떠오르는 수많은 질문에 잠시 숨을 고른다. 누구나 가지고 있는 삶의 상처. 가지고 태어나는 장애, 그리고 살면서 얻는 작은 상흔부터 깊은 상처까지. 상처가 늘어가고 그 상처를 받아들이고 서로의 아픔을 보듬으며 살아내는 것이 인생일까?

자신의 상처를 자랑스럽게 여긴 인물이 있었다.

1905년, 일제의 압박 속에 체결된 을사늑약. 조선이 일본에 외교권을 박탈당하는 을사늑약이 체결되자 나라가 뒤집혔다. 의병이 거세게 일어났고, 파업과 시위도 이어졌다. 언론에서는 일본을 '개, 돼지'만도 못하다며 비난했고, 동요 속에서 일제의 지배를 받아들일 수 없다며 자결하는 사람도 있었다.

육군 무관학교 출신인 신규식은 을사늑약이 체결되었다는 소식을 듣고 분노를 참지 못했다. 사흘 동안 문을 걸어 잠그고 굶다가 순국을 결심하고 독약을 마신다. 문을 부수고 들어온 가족에 의해 목숨은 건지지만, 오른쪽 시신경을 다쳐 애꾸눈이 되었다. 당시 신규식이 거울에 비친 자신의 모습을 보며 던진 한마디는 이러하다.

"그나마 잘 되었다. 이 애꾸눈으로 왜놈들을 흘겨보기로 하자. 나 한 사람의 상처가 아니라, 우리 민족 비극의 상징이다."

신규식은 자신의 애꾸눈을 자랑스럽게 여겼다. 멀쩡한 눈으로 살 수 없는 세상이라는 이유였다. 신규식은 흘겨볼 예睨, 볼 관覲, '예관'으로 호를 정하고 본격적으로 독립운동을 시작한다. 당시 국내는 무단통치 시기로 일본의 압박이 심하던 때였다. 신규식은 상하이로 망명하여 조소앙 등과 함께 '대동단결선언'을 발표했다.

이 선언은 3.1운동의 독립선언문보다 앞선 1917년에 발표되었다.

'황제가 삼보를 포기한 8월 29일은 우리 동지가 삼보를 계승한 8월 29일이다.'

이 대목은 읽을 때마다 마음이 뜨거워진다. 삼보는 세 가지 보물, 즉 정치와 토지, 국민을 나타내는데 이를 국민이 계승했다고 선언하며 주권재민을 통한 민주주의의 방향성을 나타내고 있다.

이후 신규식은 3.1운동에 큰 역할을 하며 정부의 필요성을 역설했고, 상하이에 임시정부를 수립하는 일에도 앞장섰다. 독립운동하며 수많은 위험과 두려움을 느낄 때마다 신규식은 자신의 눈을 바라봤을 터다. 애꾸눈이 되어버린 자기 눈을 보며 목숨을 바치기로 결의했던 순간을 떠올리고 초심을 되새기지 않았을까?

나에게도 몇 군데 상처의 흔적이 있다. 어렸을 때 계단에서 굴러 생긴 뒤통수 가운데 볼록 튀어나온 흉터. 오른쪽 다리 무릎에 난 점을 없애고 남은 옅은 흉터. 20대 초반 맹장 수술 후 남은 흉터, 둘째 소연이를 낳으며 피부 질환으로 고생해 곳곳에 남은 흐릿한 손톱자국까지.

오른쪽 다리 무릎에 났던 점은 일반적인 점보다 크고 진했다. 다른 사람과 달리 무릎에 크고 진한 점이 있던 것이 창피해 여름에는 반창고를 붙이고 다니곤 했다. 어린 시절 해마다 죽도 해변 앞에서 찍은 사진에는 오른쪽 다리에 늘 대일밴드가 붙여져 있다. 부끄러워했던 어린 딸의 마음을 헤아리고 엄마는 피부과에서 점을 뺄 수 있도록 해주셨다. 그깟 점 하나 뭐 대수라고 호들갑이냐는 핀잔이 아니라 살뜰한 마음으로 피부과에 데려가 주신 엄마의 마음을 더듬어본다. 엄마는 늘 그런 분이셨다. 자식들의 마음을 최우선으로 살피시는 분.

맹장 수술은 성인이 되고 나서 했다. 입사 초, 오전부터 갑자기 싸한 느낌이 느껴져 선임에게 맹장염에 대해 여쭸다. 맹장이 터지면 데굴데굴 구른다며 맹장염일 리가 없다는 핀잔에 오전 내내 사무실을 지켰지만, 께름칙한 기분이 사라지지 않았다. 결국 점심시간이 되자 무언가에 이끌리듯 혼자 병원에 찾아갔다. 많이 아팠던 기억은 없는데 굳이 택시까지 타고 큰 병원을 찾아갔던 그날의 내 행동이 새삼스럽다. 긴 가민가한 마음으로 도착했다가 맹장이 터졌다는 의사 선생님 말씀에 서둘러 수술 준비를 했다.

갑자기 수술한다는 딸의 전화에 울먹이던 엄마 목소리. 한걸음에 달려오신 엄마와 수술 후 찾아온 남편의 얼굴이 겹친다. 연애 초기였던 그때, 남자 친구였던 남편은 병문안을 오느라 예정에 없이 우리 부모님과 첫 대면을 했다. 아랫배에 남은 맹장 수술의 흉터는 그날의 새삼스러운 내 행동과 아이같이 울면서 전화받던 사랑하는 나의 엄마, 그리고 남편과 애틋하던 연애 시절을 다 담고 있다.

둘째 소연이를 가졌을 때는 이상하게도 온몸이 간지러웠다. 첫째 때는 전혀 몰랐던 증상이다. 팔, 다리가 다 간지러워 벅벅 긁었고 결국 피가 나고 딱지가 생겼다. 특히 밤에 더 간지러워 잠을 못 잤는데, 아이를 낳고 나서도 한동안 피부 질환이 이어져 고통스러웠다. 그땐 간지러움만 낫는다면 뭐든 다 할 수 있을 것 같았다. 이제 그런 고통이 씻은 듯 사라지니 언제 그랬냐는 듯이 또 다른 근심을 찾아 불평하는 나를 마주할 때면 겸연쩍기 그지없다.

상처는 과거를 담는다. 괴롭고 고통스러운 기억을 남겨 과거를 잊지 않게 해준다. 켜켜이 쌓아온 삶의 흔적과 상처들은 과거와 현재를 이어준다. 고통의 시간이 지나 이제는 다 잊고 살아가는 때가 와도 옅게 남은 상흔은 잊고 있는 기억을 소환해 자신을 돌아보게 해준다.

같은 상처를 가지고 있는 주변에도 시선이 닿는다. 과거의 나와 지금의 나를 연결해 주고, 나와 타자를 연결해 주는 선이다. 의미 없는 상처는 없다.

가끔 사람들이 이야기한다. 온실 속의 화초처럼 살아왔을 것 같다고. 특별히 어려울 것 없이 부족함 없이 자랐지요?

그럼요. 지금도 온실 속에 있어요.

한껏 웃으며 대답하고 난 후 못다 한 말이 입안에 맴돈다. 슬쩍 내 뒤통수를 매만지면서 그저 미소 짓는다.

1-5.

갈등과 전쟁이 이어졌던 고려

자녀와 갈등을 겪지 않는 부모는 없다. 학업이나 진로 때문은 물론 생활 습관이나 태도 때문에, 하다못해 어떤 옷을 입을지를 두고도 매일 부모와 자식 간 갈등은 끊이지 않는다. 사소하게 끝날 수 있는 갈등이야 일상으로 받아들일 수 있지만 시작은 사소했더라도 반복되거나 서로에게 지나치게 스트레스를 줄 정도로 불화가 확산된다면, 반드시 해결해야 한다. **갈등이 싸움이 되고 전쟁이 되면 가정은 평화로울 수 없다.**

며칠 전 아들과 한바탕 전쟁을 벌였다. 발단은 사소했다. 주말 오후, 여느 때처럼 축구하러 나서는 아들. 축구한다면서 얇은 운동복을 입지 왜 후드티를 입냐는 나의 한마디에 아들이 기분 나쁜 태도를 강하게 보였기 때문이다. 답답했다. 무조건 후드티를 입지 말라고 말한 것이 아니었다. 단지 더울 것 같아서 한마디 한 것뿐인데 잔소리 한 트럭은 들은 것 같은 표정으로 인상 쓰고 짜증을 내며 옷을 갈아입는 아들을 그냥 둘 수 없었다. 얼마간 아들의 비위를 맞추며 쌓아둔 앙금 때문일지도 모르겠다.

"엄마가 싫은 소리 한마디 했다고 지금 이렇게 싸가지 없이 굴어? 보자 보자 했더니."

내 레퍼토리가 나왔다.

"엄마가 웬만한 것 가지고 말 안 하지? 공부 안 할 때도, 시험 점수로도 내가 너 혼 안 내지. 예의 바른 태도 하나 얘기하는데 그걸 못해서 맨날 혼나! 기분이 태도가 되지 말라고 했지? 가족끼리 표정, 말투 조심하자고 했어, 안 했어!"

아들의 표정이 점점 더 일그러졌다. 아들의 얼굴을 보면서 나 역시 점점 화가 났다. '사춘기 지나갔나 했더니 여전하구나.' 하는 생각과 함께 며칠간 쌓아둔 잔소리를 쏟아냈다.

결국 아들은 쾅 방문을 닫고 들어가 버렸고 쫓아 들어간 나는 반성하지 않는 아들에게 마지막 원자폭탄을 터뜨렸다.

"핸드폰, 컴퓨터 압수야. 반성하고 생각해. 뭘 잘못했는지. 그때 얘기해."

컴퓨터 전원을 뽑고, 핸드폰을 압수하고 나서야 정전이 이루어졌다. 아들의 마음속은 부글부글 한창 분노 진행형이겠지만.

거실로 돌아와 앉은 나 역시 아들이 괘씸해 아들의 방문을 노려보며 마음을 진정시켰다.

'왜 저렇게 말을 안 들어.'

숨을 고르며 상황을 되짚었다. 아들은 사실 내 말 한마디에 옷을 갈아입었다. 옷을 갈아입지 않겠다고 한 것도 아니고, 조언에 맞춰 다른 옷을 입으려 했다. 게임을 그만하라고 말하면 '싫어'가 아니라 '곧 끌게.' 라고 말하는 아들. 골고루 먹으라고 수저에 김치를 올려주면 안 먹는 게 아니라 그대로 입안에 넣는 아들이다. 다만 그 모든 순간 얼굴을 찡그리며 투덜거릴 뿐.

말을 잘 들으면서도 늘 말투와 표정 때문에 혼나는 아들. 밖에서는 한없이 친절하고 예의 바른 아이가 집에서는 왜 그러냐고 다그치는 나와 남편. 아들도 억울할 수 있겠다는 생각을 처음으로 했다. 갈등의 원인이 아들의 태도라고만 생각했는데, 어떤 상황에서도 예의 바른 태도와 말투만 고집하는 나의 요구 때문일 수도 있다는 생각을 해봤다. 정해둔 기준과 요구 말고는 다른 이야기를 들어보지 않으려고 하는 부모의 태도 역시 문제일 수 있겠다고. 아들의 불쾌함이 어디서 기인했는지를 더 알려고 해야 했다.

그날 밤 곰곰이 생각하다가 아들이 착해서 그렇다는 결론을 내렸다. 모순적인 결론이지만 그렇다. 왜 그렇게 입었어, 왜 이걸 안 먹어, 이렇게 해야지 잔소리를 들으면 아들은 그냥 넘기거나 무시하는 성격이 못 된다. 엄마의 요구와 바람을 들어주고 싶고 들어야 한다고 생각하는 착한 아들이다. 하지만 막상 그렇게 하기 싫다. 대한민국의 중학생으로서 갖추게 되는 기본적인 반항심과 편해지고자 하는 본능으로 인해 너무나 하기 싫다. 결국 억지로 하다 보니 표정과 태도에 못마땅함이 폭발한다.

한 가지 더. 아들은 집안 어른들의 잔소리를 자신에 대한 비난으로 받아들이는 경향이 있다. 늘 칭찬만 받고 자라온 아들에게는 청소년기 부쩍 마주하게 된 어른들의 잔소리가 자신을 향한 힐난처럼 느껴지나 보다. 잔소리에 대한 민감성이 큰 것 같았다. 자연스럽게 받아들이고 넉살 좋게 넘기기보다는 자신이 정말 큰 잘못을 한 것 같아 기분이 언

짧은 거다. 착하지 않고 섬세하지 않은 아이라면 그저 상황을 모면하고 안 지키고 말 것 아닌가? 우리 아들은 착하고 똑똑해 모든 질책을 더 날카롭고 명확하게 인식했다. 논리의 비약일 수 있지만 가족 대통합을 위한 현명한 깨우침이었다고 생각한다.

생각이 여기까지 미치니 안쓰러운 마음이 생겼다. 아이에게도 생각할 시간을 주고자 다음 날 저녁 대화를 시도했다. 깨달은 바를 전달하고 일단 아이의 착한 심성을 칭찬해 주면서 대화의 물꼬를 텄다. 그리고 해결 방법을 제시했다.

"엄마가 옳은 소리, 옳은 방향을 이야기해 주지 않을 수는 없어. 엄마가 정말 잔소리 없는 편인 건 분명해. 그조차도 네가 너에 대한 비난으로 받아들이는 것 같아서 안타까워. 널 나무라는 게 아닌데. 어른의 시선에서 알려주는 것뿐이야. 방법은 이거 같아. 앞으로 엄마가 이야기하는 부분에 대해 네가 정말 받아들이기 싫거나 반론을 제시할 것이 있으면 바로 말해. 어제 같은 경우, 너 후드티 입고 싶었지? 그럼 입어도 되는 거야. 그걸 무조건 못 입게 하려는 게 아니었잖아. 넌 그냥 '엄마 나 더워도 이거 입을래. 이게 좋아.' 한마디면 되는 거야. 대신 얼굴을 구기지 말고, 말해줘. 나쁜 태도는 고쳐주지 않을 순 없어. 차분히 너의 의견을 제시해 줘. 엄마도 바로 수긍하는 사람이니까."

똑똑한 아이라 금방 이해했다. **널 비난하는 게 아니라는 말, 하고 싶은 말을 하고 살라는 말에 아들이 미소를 되찾았다.** 사소한 한마디로 시작해서 주말 내내 지속된 전쟁이었다. 그래도 아이도 나도 깨우침을 얻어서 다행이다. 사랑하는 아들이 미소를 되찾아서 다행이다.

역사에도 전쟁이 많았다. 외침이 끊임없이 이어졌던 고려 시대가 특히 그렇다. 거란, 여진, 몽골 등 북방 민족이 성장하여 끊임없이 침략했기 때문에 고려는 전쟁의 역사라고 해도 무방하다.

처음 고려를 침입한 민족은 거란이었다. 북방 유목 민족인 거란족은 993년 수십만의 군대를 이끌고 고려를 공격했다. 고려 조정은 난리가 났다. 나라를 건국한 지 얼마 되지 않아 큰 전쟁이 일어나게 생겼으니 당황할 수밖에. 땅을 떼어줘야 한다, 어서 왕이 피난을 가야 한다 등등 온갖 의견이 난무하며 혼란스러울 때, 서희가 등장한다.

고려를 대표하는 문신 서희. 서희는 이때 자신이 협상을 해보겠다고 나선다. 그는 갈등의 원인을 파악하고 있었다. 당시 거란이 쳐들어온 가장 큰 이유는 송나라 때문이었다. 중국 송나라와 영토 문제로 갈등을 겪고 있던 거란은 송을 침입할 계획을 세웠다. 하지만 송과 우호적인 관계를 맺고 있던 고려가 송의 편을 들 것을 우려해 고려에 먼저 침입한 것이다. 거란의 침략 의도가 고려와 송의 우호 관계를 끊게 하기 위함을 알아챈 서희는 협상을 해나간다. 송과의 관계를 끊고 거란과 친선 관계를 맺겠다고 말이다. 다만 거란과 교류할 길목이 없으니, 거란과 교류할 만한 길목의 영토를 달라는 요구까지 더해서.

이 놀라운 요구를 거란은 받아들인다. 거란 역시 고려와의 전쟁을 피하고 싶었다. 곧 송과의 전쟁을 앞둔 거란으로서는 전쟁을 피하면서 고려가 송과 연결되는 것을 막는 것이 제일 나은 방법이었다.

침략한 군대에 조목조목 옳고 그름을 따지고 오히려 자국에 유리한 요구까지 한 서희의 노련한 협상술은 지금도 높게 평가받는다. 서희가 협상을 성공적으로 이끌 수 있었던 것은 거란이 정말로 원하는 것이 무엇인지를 파악했기 때문이다.

사춘기를 지내며 아들에게 세 가지를 포기하려고 노력하고 있다. 먹는 것, 입는 것, 자는 것. 골고루 먹으라는 잔소리를 줄이고, 추운데 왜

반바지를 입냐는 잔소리도 줄이고, 진작 숙제부터 하지 실컷 놀다가 왜 새벽까지 숙제하냐는 핀잔을 줄였다. 무신경한 아이가 놓칠 수 있으니 한마디씩 던지긴 하지만, 닦달하거나 두세 마디 하지 않는다. 알아챌 수 있게 딱 한 마디만 하고 돌아선다. 그게 무슨 포기냐고 아들이 반문한다면 반쯤 포기했으니 이만하면 감사하라고 이야기해 주련다.

1-6.

진짜 부자 이회영

얼마 전 재미있게 본 법정 드라마의 마지막 회 대사가 인상 깊었다. "정답은 없어. 그거 다 선택이야. 우리가 잘해야 하는 건 선택 그 자체가 아니라 그 선택을 옳게 만드는 노력이야. 그리고 그 노력을 다했다면 후회하지 않고 또 다른 선택을 하면 돼. 선택과 책임이 반복되는 거, 그게 인생 아닐까?"

한번 사는 인생, 내 편의만 바라며 사는 것보다는 더 값있고 의미 있게 주변을 돌아보며 사는 것이 더 행복하지 않을까? 하지만 생각만큼 쉬운 일이 아니다. 어려울 땐 오히려 미래를 위한 다짐을 할 수 있어도 간신히 나의 것을 일구고 높은 위치에 오르면 다시 잃을까 봐 안달이 난다. 더 높은 곳을 꿈꾼다. 돈을 벌면 더 벌고 싶고 좋은 차를 타면 더 좋은 차를 타고 싶고 더 좋은 집으로 이사 가고 싶다. 이룬 것들을 지키고 싶어서, 의미 있게 살겠다던 초심은 온데간데없이 사라진다. 주변을 돌아보기도 더 쉽지 않다. 정상만 바라보며 산을 오르는 등산가의 모습 같달까. 자본은 만족과 함께 오지 않는다지 않나.

　재산 때문에 다투는 사람들의 이야기를 흔히 접한다. 최근 몇 달간만 해도 뉴스를 장식한 소식들이 많았다. 재벌가의 경영권 싸움과 형제의 난, 돈 때문에 배신하고 배신당하는 모습은 비일비재하다. 현실이 그렇다 보니 드라마에서도 마찬가지다. 사랑 아니면 돈을 둘러싼 갈등 구조가 대부분이다. 헤어지는 부부 또는 형제나 친구가 재판장에 서서 서로의 과실을 드러내고 흠집 내며 위자료를 조금이라도 더 받아내기 위해 혈안이 된 모습이 심심찮게 나왔다. 드라마를 보다가 남편에게 이야기했다.

　"난 돈이 많으면 주변에 많이 베풀면서 살고 싶어. 많이 베풀고, 어려운 사람들을 도우면서 진짜 멋있게 살 거야. 돈을 짊어지고 죽는 것도 아니고 세 끼니 먹고 사는 것은 똑같은데 왜 다들 저렇게 많이 갖고 싶어서 안달이 났을까."

　말을 뱉으면서 흠칫했다. 돈이 많든 적든 베풀고 싶은 마음이 있다면 당장이라도 그렇게 살 수 있다는 것을 모르지 않았다. 그 깨달음은 슬쩍 뒤로 미뤄두고 늘 나중에, 나중에는 꼭 그러겠노라는 다짐만 하고 있었다는 것이 자각되는 순간 스스로에게 부끄러워 말끝을 흐렸다.

　돈을 값있게 쓴 사람들이 있었다. 유학자로서 명망 높은 집안이었던 이회영과 형제들이다. 노블레스 오블리주로 유명한 인물이다. 이회영이 『독립신문』에 남겼다는 『소년 30세』라는 글을 보면 인생에 대해 깊이 고민한 그의 숨결을 느낄 수 있다.

　"세상에 풍운은 많이 일고 해와 달은 급하게 사람을 몰아붙이는데 이 한 번의 젊은 나이를 어찌할 것인가. 어느새 벌써 서른 살이 되었으니."

1910년 국권피탈이 있던 해 겨울, 이회영과 형제들은 60명에 달하는 대가족을 이끌고 만주로 망명했다. 국권피탈을 앞두고 전 재산을 처분하여 만주에 무관학교를 세울 계획이었기 때문이다. 이회영은 차라리 죽을지언정 왜적 치하에서 노예가 되어 생명을 구걸할 수 없다며 형제들을 설득했고 형제들 역시 이회영의 뜻에 동의했다. 만주로 떠나기 위해 그들이 처분한 재산은 오늘날의 가치로 최소 600억 원에서 수천억 원까지도 이른다고 본다. 그 돈이면 일제강점기라고 해도 편안하게 살 수 있는 돈이다. 일제는 부유한 지주들에게는 비교적 협조적이었기 때문에. 하지만 이회영과 형제들은 평탄한 길을 포기하고 울퉁불퉁한 자갈길로 들어섰다.

이회영은 전 재산을 처분하여 압록강을 넘는다. 고향을 떠날 때 노비문서를 다 불태우고 집안 노비들에게 자유를 주며, 독립운동에 참여하고 싶은 자들만 함께 망명했다고 하니 신지식인의 면모를 엿볼 수 있다. 영하의 추위가 몰아치는 한 겨울, 직접 말을 몰아 압록강을 건너 남만주 삼원보에 도착한다.

왜 하필 겨울이었을까. 당시 이회영에게는 돌도 지나지 않은 아기가 있었다던데 겨울이라도 지나고 난 후 떠났으면 좋지 않았을까. 그에게는 독립운동이 가장 시급한 일이었나 보다.

1911년 6월 10일, 삼원보 한 마을 허름한 옥수수 창고에서 신흥 강습소 개교식이 열렸다. 이회영과 가족들이 만든 학교다. 이후 10여 년간 약 3,500명의 독립군이 이곳에서 양성된다.

님 웨일스의 『아리랑』에 의하면 당시 입학 최저 연령은 18세. 상황에 따라 더 어린 학생을 받아준 경우도 있었던 듯하다. 신흥무관학교는 군대 전술, 지리, 국사 등의 수업을 운영하며 독립군을 양성하고 민족 교육에 앞장선다.

수백억의 돈을 가지고 있던 이회영 형제는 모든 돈을 독립운동에 쏟았고 척박한 땅을 직접 일궈 농사를 지으면서도 민족 교육과 독립군 양성에만 전념했다. 이후 이회영 일가는 궁핍한 삶을 살 수밖에 없었다. 한 끼 겨우 먹을 정도로 힘겨운 삶을 살아가지만 그들은 끝까지 독립운동을 놓지 않았다.

신민회 활동과 신흥무관학교, 항일 구국 연맹, 흑색공포단 활동 등을 이어가던 이회영은 결국 일본 경찰에게 체포된다. 안주하지 않고 끊임없이 다양한 방향으로 독립을 모색하고 꿈꾸던 이회영. 이회영은 1932년, 65세의 나이로 고문받다가 숨졌다. 형제들 역시 대부분 병사하였다. 유일하게 살아남은 다섯째 이시영만 광복을 맞이했다.

노블레스 오블리주를 실천한 이회영과 그 형제들.

"뿌리고 심지 않는데 거둘 것은 없다. 오늘에 내가 거두는 열매는 다 누군가가 씨 뿌리고 묘목을 심은 수고와 희생의 결과물이다."

부유한 유학자로서 현실에 타협할 수 있었지만, 이회영은 자신이 배운 신지식을 실천하고 자신이 가진 것을 내어놓을 줄 아는 참 선비였다.

자신의 것을 내어줄 줄 아는 품이 넓은 사람, 자족하지 않고 끊임없이 미래를 꿈꾸고 도전하는 사람. 마지막 순간에도 후회 없이 자신의 삶을 떳떳하게 여길 수 있는 사람. 타협과 저항의 때를 알고 염렵하게 선택하되 자신의 선택을 책임지고 옳게 다듬어나갈 줄 아는 사람. 그런 사람이 되기를 오늘 밤에도 기도한다.

1-7.

이혼에도 당당했던 나혜석

우리 집에는 내 공간이 없다. 한 가정의 엄마로서 어느 정도 그럴 수 있다고 생각한다면, 다시 쓰겠다. 안방조차 없다. 올해 이사를 하면서 여러 정황상 집을 좁힐 수밖에 없었다. 이전 집과 동일하게 방이 세 개지만 세 개 중 하나가 매우 작아졌다. 매우 작아진 방은 옷 방 겸 창고가 되었고 방 두 개는 자연스럽게 아들과 딸에게 각각 배정되었다. 크고 좋은 집으로 이사하겠다고 한 딸과의 약속을 지키지 못해 미안한 마음에, 안방을 딸에게 주고 우리는 딸 침대 옆에 침대 하나만 놓고 잠만 자자고 남편에게 제안했다. 제일 넓고 큰 방을 안방으로 쓰는 비효율성에 대해 자주 생각했던 터라 어렵지 않은 결정이었다. 소유욕이 크지 않은 딸 바보 남편은 당연히 승낙했고 그렇게 우린 딸의 방에 얹혀살게 되었다.

안방이 없는데 화장대가 있을 리 만무하다. 나는 서랍 겸 화장대 위에서 거울도 없이 대강 로션을 바르고 파운데이션을 두드릴 때만 작은 탁상용 거울을 찾아 거실로 나선다. 이것도 불편하지 않다.

가장 힘든 것은 책을 읽을 독립적인 공간이 없다는 사실이다. 예전에는 안방 침대에 기대앉아 책을 읽거나 주방의 식탁에서 책을 읽었다. 6인용 식탁 한쪽에 필요한 책과 자료들을 세워두고 나만의 공간으로 사용했다. 아이들이 TV를 보거나 거실, 방 사이를 뛰어다닐 때도 식탁에서 마음껏 책과 종이들을 펼쳐두고 온전히 내 일을 할 수 있었다.

이사 온 후 안방이 없어졌으니 주방 식탁에서라도 해결해야 했지만, 이번 집에서는 주방에 비해 식탁이 너무 커 거실로 뺄 수밖에 없었다. 키친 테이블 노블! 그 일상이 무너졌다. 이것까지는 생각하지 못했다.

그래서 이사 후 한동안 그렇게 마음이 불편했나 보다. 혼자 바깥 풍경을 보면서 책을 읽거나 동료 작가들과 줌 수업을 할 수 있는 나만의 공간이 사라졌다는 것은 참 씁쓸한 일이다.

일요일 오전 글쓰기 줌 수업을 할 때마다 어디에 자리를 잡아야 할지 노트북을 들고 헤맸다. 식구들이 아직 잠든 시간, 자꾸 감기는 눈을 비비고 일어나 대강 고양이 세수를 하고 입술만 바른 후 노트북을 들고 작은 옷방으로 간다. 식구들이 깨지 않게 조심히 준비해야 한다. 먼지가 풀풀 날리는 옷방에 최대한 소리가 나지 않게 작은 교자상을 편다. 상 위에 장난감 상자를 올려 노트북의 높이를 맞춘다. 뒤편에 널브러져 있는 옷들이 보이지 않게 각도를 잡고 앉으면 겨우 수업 준비가 끝난다. 다리를 겨우 뻗을 만한 공간에서 줌을 들여다보고 있으면 일제강점기 독립투사 같기도 하고 몰래 숨어서 예배를 드리는 조선 후기 천주교 신자 같기도 하다. 처음에는 한숨이 절로 나왔지만, 이제는 그 나름대로 숨어서 해내는 맛이 있어 익숙해졌다. 성취감이 더 느껴지고 대단한 일을 하는 사람처럼 여겨지니 글공부하는 시간이 더 애틋해졌다. 공간이 주는 무드가 있는 걸까? 위기가 기회를 만든다고 하지 않나. **열악한 환경이 나의 정체성을 더욱 또렷하게 해준다. 손때 묻은 종이와 책들을 잔뜩 쌓아두고 오롯이 글자에 집중하는 시간 동안 완성되는 나의 정체성!**

근대 시기 여성의 정체성에 대해 고민하던 선구자적 인물이 있다. 요즘 말로 '힙한' 여성이다. 1896년생. 명문가 집안에서 부유하게 자란 그녀는 진명 여자 고등 보통학교를 수석으로 졸업했다. 조선 여학생으로는 최초로 도쿄 여자 미술학교에서 서양화를 전공했으며 유학 시절부터 여성의 교육과 사회참여, 자유를 강력하게 주장했다. 그녀는 1920년에 변호사로 촉망받던 청년 김우영과 결혼을 한다. 당시 큰 이슈였다. 그들의 결혼이 크게 주목받은 이유는 신부가 될 사람이 신랑에게 결혼에 대한 네 가지 조건을 제시했기 때문이다. 100년 전, 여자가 결혼에 조건을 달았다니! 지금도 쉽지 않은 일을 100년 전 여성이 했으니 얼마나 큰 이슈였을까? 그 인물은 바로 나혜석이다. 신부 나혜석의 조건은 다음과 같았다.

1) 평생 지금처럼 사랑해 줄 것.
2) 그림 그리는 것을 방해하지 말 것.
3) 시어머니와 전처 딸과는 함께 살지 않을 것.
4) 전 남자 친구의 묘지에 비석을 세워줄 것.

조건들 역시 파격적이다. 전 남자 친구까지 거론하는 모습은 자유연애를 주장하는 당찬 여자답다. 이후 화가로서 입지를 다지고 큰 성공을 이루던 나혜석은 1927년 떠났던 파리 여행에서 불거진 최린과의 불륜 문제로 이혼하게 된다. 이혼 과정 역시 순탄치는 않았다. 1934년 그녀는 잡지에 '이혼 고백서'를 발표해 여성에게 정조를 강요하는 남성 중심의 사회를 비판했고, 최린을 상대로 정조 유린에 대한 손해 배상 청구 소송을 냈다. 이후 합의가 이루어지긴 했으나 당시 큰 파장을 일으킨 것은 사실이다.

길지 않은 나혜석의 일생을 되짚어보면 그녀가 얼마나 외로웠을까 싶다. 젊은 시절 자유연애와 성적 자기 결정권을 주장하던 그녀는 시대적 흐름에 순응하지 않은 삶을 산 탓에 결국 가족들, 자식들에게까지 외면당했다. 말년에는 극도로 몸이 쇠약해져 무연고자 병실에서 쓸쓸히 생을 마감하게 된다.

불륜은 당연히 옳지 않은 행동이었다. 외도와 불륜이라는 윤리적 문제를 떠나 여성의 정체성에 집중하고 여성의 권리에 대해 고민한 나혜석의 시도와 행적을 본다면 그녀는 분명 선구자였다. 선구자의 삶은 녹록지 않다. 당시에도 지금도 나혜석의 모습에 반감을 품는 사람이 있을 수 있다. 내가 동시대를 살고 있었더라도 응원하기보다는 마뜩잖게 바라봤을 것 같다. 왜 당신만 유난이냐고, 왜 질서에 적응하지 못하냐고. 하지만 그녀와 같은 선구자들 한명 한명의 발자취가 조금 더 달라진 사회를 만든다는 것은 분명하다. 마지막으로 나혜석의 '여자도 사람이외다'의 한 구절을 소개하며 외로웠을 그녀를 기억해 본다.

-가엾다. 나를 잊고 사는 것. 이것이야말로 처량한 일이 아닌가. 왜 우리는 자기 내심에 숨어 있는 무한한 능력을 자각하지 못했고, 그 능력의 발현을 시험해 보려 들지 아니했던고! 세상에는 평범한 가운데에서 자기만의 무슨 장래의 보증할 것이 튼튼히 있는 것 같이 안심하고 있는 자가 많으니 더욱이 우리 여자 중에 많은 사실이다.

그녀는 어느 장소에서 글을 쓰고 그림을 그렸을까? 자신만의 공간을 갖고 있었을까? 그녀가 정체성을 지킬 수 있도록 고무시켜 준 공간이 새삼 궁금해진다.

1-8.

김규식과 여운형이 알려주는 중도의 힘

학창 시절, 가족 식사 중 내 밥이 조금만 많아 보이거나 좀 느리게 먹는다 싶으면 아빠는 늘 말씀하셨다.
"그만 먹을래? 밥 남겨. 과유불급이다. 소화 안 될라."
새벽까지 공부하고 있을 때나 다이어트를 한답시고 바나나와 베지밀만 먹고 있어도, 늘 아빠는 '과유불급'을 이야기하시며 과함을 저지해 주시고는 했다.
결혼 후, 회사를 그만두고 학원 일을 시작할 때도 그랬다. 어른이 된 나에게도 아빠의 가르침은 다르지 않았다. 수업을 준비하며 새벽 3시까지 교재를 만들고 늦게 잤던 어느 날의 아침. 겨우겨우 일어나 아이 유치원을 보낸 내 푸석한 얼굴을 보며 아빠가 말씀하셨다.
"무슨 공부를 그렇게 하냐. 애 엄마가. 적당히 해. 애도 잘 챙기면서 해야지. 과유불급이야."
그날은 유독 서운해 눈물이 핑 돌았다. 이렇게 하지 않으면 잘 해낼 수 없는데. 새로운 일을 시작하는 딸에게 그저 칭찬 한마디면 될 것을. 심통이 나기도 했지만 무리하지 말라는 아빠의 뜻을 알기에 뜨거운 말을 삼켰다.

아빠가 늘 강조하는 사자성어 '과유불급'

어쩌면 아빠의 인생을 돌아보며 뼈에 새기신 사자성어가 아닐까. 한문 선생님이셨던 아빠는 '과유' 하시다가 학교를 그만두고 사업을 시작하셨고 '과유' 하시다가 사업에 실패하셨다. 이후 학원을 차리셨고 이후 이십 년 가까이 아이들을 가르치는 일을 하고 계시다.

아빠에게는 선생님이 천직이다. 아이들 같은 순수한 면과 배움을 즐거워하는 학구적인 면이 있어 선생님이라는 직업이 정말 잘 어울리시는 분이다. 적합하고 안정적인 직업을 왜 그만두시고 멀리 돌아오신 걸까 가끔 의문이 들어 여쭈면 아빠는 말씀하셨다. 그땐 몰랐다고.

"모름지기 남자란, 사업을 해봐야 한다고 생각했어. 잘할 수 있을 거라고 생각했고. 아주 재미있었단 말이지. 아빠가 기획력 하나는 끝내주거든. 지금 저기 저 업계의 네트워크 시스템, 내가 처음 실현 시킨 거야. 그때 무리하지만 않았어도……."

아빠는 넘치는 아이디어와 열정으로 학교 선생님이라는 안정적인 직장에서 벗어나 사업을 시작하셨다. 순조롭게 일이 잘 풀리는 듯했다. 사업이 잘될수록 엄마는 불안하셨다고 회상하셨다. 돈을 많이 가져오셔도 그만큼 불안해서 쓰지 못하셨다고. 안정적이고 풍요로운 환경에서 커온 엄마에게 남편의 사업은 늘 두드려 보아야 하는 돌다리였다. 결국 돌다리가 아니라 금이 간 외나무다리쯤 되었던 것 같았지만 말이다. 엄마는 한참 동안 돈을 잘 쓰지 못하고 모아두고 계셨다. 겨울을 준비하는 다람쥐처럼. 언제 어떻게 또 돈이 급해질지 모를 일이라고 생각하셨단다. 엄마가 아빠에게 그런 뒷배가 되어주지 못했다면 아빠는 버티기 힘드셨을 텐데. 물과 불같은 두 분은 정말 천생연분이다.

엄마의 불안한 예감은 틀리지 않았다. IMF로 뒤숭숭하던 1997년, 아빠가 하시던 사업도 어려워졌다. 마지막 선택의 순간을 아빠는 잊지 못하고 계셨다. 그 이후 아빠는 과유불급을 늘 되뇌게 되셨다.

아빠의 영향을 받아서인지, 나 역시 어느 쪽에 치우치지 않고 살아왔다. 한쪽에 치우치지 않는다는 것, 지나치게 보수적이지도 지나치게 진보적이지도 않다는 것, 삶에서 지나치지 않고 모자라지 않게 중도를 유지하는 것은 참 필요한 일이다.

정치 이야기는 담고 싶지 않았다. 특별한 정치색을 가지고 있지 않기에 수업에서도 늘 조심하고 아이들에게도 객관적인 시선으로 설명해 주기 위해 노력한다. 다만 중도의 가치에 대해서는 피력하고 있다. 한쪽에 치우쳐서 자기 뜻만 강조하는 것이 아니라, 상대의 입장을 헤아릴 줄도 알아야 하며 상대의 좋은 점은 받아들일 줄도 아는 관용적이고 현명한 사람이 되어야 한다고.

중도의 가치를 설명할 때면 등장하는 인물이 여운형과 김규식이다.

중도 우파의 대표 인물 김규식은 1919년 1차 세계대전에 이후 열린 파리강화회의에 파견되었던 대한민국 임시정부의 인물로 알려져 있다. 김규식은 양반집 자제였지만 아버지의 귀양과 어머니의 죽음으로 인해 고아원에서 자랐다. 언어능력이 특히 뛰어나 9개국 언어 능력자였다는 이야기가 있을 정도로 총명한 인물이었다. 영특한 김규식을 알아본 서재필 덕분에 의친왕의 통역 겸 비서로 미국 유학을 가게 된다. 대학 졸업 후에는 중국 상해로 건너가 본격적으로 독립운동에 뛰어든다.

김규식보다 다섯 살 아래 여운형. 여운형은 양반 가문에서 태어나 배재학당, 홍화학교 등에서 공부를 이어갔고, 중국으로 망명한 후 상하이에서 독립운동에 앞장선 인물이다. 카리스마와 실행력, 연설 능력으로 대중에게 인기가 많았다. 1936년 베를린 올림픽에서 마라톤 우승자 손기정의 일장기 삭제 사건 당시 해당 기사를 게재했던 중앙일보 사장도 바로 여운형이었다.

둘은 교회 활동 등을 통해 친분을 쌓았을 것으로 추측된다. 1918년 열린 파리강화회의에 우리나라의 대표를 파견할 것을 계획한 두 사람. 여운형은 한국의 독립 청원서를 윌슨 대통령에게 전달할 것을 구체적으로 계획했고 그 결과 김규식이 파리 강화회의에 참석할 수 있었다.

김규식과 여운형, 여운형과 김규식은 중도파로 1945년 광복 이후 남한과 북한이 분단되던 시기 분단을 막기 위해 '좌우합작운동'을 함께 전개했다. 비록 여운형의 피살과 미군정의 입장 번복 등으로 좌우합작운동은 성공할 수 없었지만, 중도를 향했던 그들의 가치는 여전히 분단된 우리에게 깊은 가르침을 준다.

여운형이 남겼다는 글 『중도로 산다는 것』을 보면 그의 가치관을 조금이나마 이해할 수 있다.

"만일 배가 요동치는데 나침반이 한 곳에 멈춰있다면 고장 난 것이다. 파도처럼 급변하는 정세 속에서 나는 좌우합작 노선을 일관되게 고수하기 위해 움직이고 있을 것이다."

시소 끝에 자리를 잡고 움직임의 주체가 되어 발을 구르는 일은, 역동적이고 신명 나는 일이다. 하지만 시소 중간에 균형 잡고 서 있는 것은 여간 어려운 것이 아니다. 중앙에서 크게 벗어나지 않으면 금방 다시 균형을 잡을 수 있지만 끝자락으로 치우쳐버리면 균형이 깨져 되돌리기란 더 어렵다. 근력운동을 할 때 무게를 든 채 코어를 잡고 30초

버티는 일은 어떤가. 팔다리가 부들부들 떨리고 아랫배에서 뜨거운 불이 난다. 중도를 지키고 균형을 유지하는 일은 때론 마음껏 움직이는 일보다 어렵다. 김규식과 여운형의 좌우합작운동처럼, 아빠의 과유불급처럼 나도 균형을 잃지 않고 코어를 기를 수 있는 단단한 아랫배 힘을 가질 수 있기를 바란다.

1-9.

윤동주와 친구들

"엄마! 친구 세 명이 모이면 어떻게 되는 줄 알아? 한 명은 비주얼 담당, 한 명은 먹방 담당, 한 명은 두뇌 담당!"

잔뜩 들떠서 이야기하는 아들. 시험 끝난 기념으로 친구들과 놀이공원에 다녀온 날이었다. 신나게 놀고 온 날이면 수다쟁이가 따로 없다. 평소에는 같은 학교 친한 친구들과 주로 붙어 다니지만, 시험이 끝나면 초등학교 때 친했던 친구 두 명을 꼭 만난다. 주변에 친구들이 많지만 스스로 약속을 잡고 만남을 주도하는 편은 아닌 아들이다. 그런 아들이 시험 끝나면 꼭 연락해 만나는 다른 학교 친구 두 명이 있다. 어렸을 때부터 함께 지내던 친구들. 그 친구들을 만나면 너무 편해서 마음이 안정되고 든든하다나?

일찍 결혼해 바로 아이 낳고, 만나는 친구 한 명 없이 사는 나는 아들의 그런 모습을 보면 새삼 부럽다. 특히 요즘처럼 찬 바람이 부는 날이면 함께 팔짱 끼고 종종걸음으로 잠실을, 신천역을, 서현역을, 건대 입구를 휘젓고 다니던 친구들이 더욱 그립다.

아쉬운 소리를 하면 남편이 달래준다. '내가 있잖아' 손잡아 주는 남편과 함께 지난 주말에는 인왕산에 다녀왔다. 인왕산 초입에는 윤동주 문학관이 있다. 마침, 아들의 친구들을 떠올렸기 때문일까? 그날 윤동주 문학관에서는 독립운동가로서의 윤동주보다도 시인 윤동주보다도, 친구들과 함께인 동무 윤동주를 느낄 수 있었다.

윤동주는 독립운동 기지로 알려진 중국 북간도 명동촌에서 태어났다. 북간도에서 사촌 송몽규, 친구 문익환과 함께 유년기를 보냈다. 명동소학교 시절부터 함께 붙어 다니던 윤동주, 송몽규, 문익환은 어려서부터 글을 좋아해 신문사를 만들었다고 한다. 남다른 유년기다.

문익환 평전에 따르면, 윤동주는 문학에 남다른 재능이 있었고, 송몽규는 연설을 잘하고 리더십이 있어 장래 희망을 일찌감치 독립군으로 정해놓고 있었단다. 각자의 강점으로 서로를 채워주던 어린 삼총사의 모습이 선연히 떠올라 문학관을 둘러보는 내내 계속 미소가 가시질 않았다. 윤동주의 슬프고도 아름다운 인생 전반을 느끼며 그의 짧은 생을 잊지 않기 위해 부지런히 눈을 움직였다.

그들은 명동소학교 졸업 후 중학교에 다니다가 각자의 길을 떠났다. 송몽규는 군관학교 입교를 위해 떠났고, 윤동주와 문익환은 학업을 이어갔다. 윤동주와 문익환은 평양에 있는 숭실중학교로 편입했지만, 신사참배 문제로 학교는 혼란스러웠고 결국 그들은 학업을 마치지 못한 채 고향으로 돌아온다. 신사참배로 고충을 겪던 숭실중학교는 얼마 후 폐교된다.

용정으로 돌아와 어렵게 학업을 이어가던 윤동주는 집안의 반대를 무릅쓰고 문과를 고집했다. 글을 좋아하던 윤동주는 자신의 길을 포기할 수 없었나 보다. 자식을 이기는 부모는 없다. 결국 윤동주와 송몽규는 함께 1938년 연희전문학교 문과에 입학했다. 이때쯤 문익환은 신학교에 진학했고 졸업 후 미국 유학을 떠나며 두 친구와 헤어진 듯하다.

윤동주와 송몽규는 연희전문학교까지 함께 다니며 학생회 문예지인 『문우』를 발행한다. 연희전문학교에서 수학하던 시절은 일제강점기가 정점에 달하던 우리 민족의 암흑기였다. 그 시기 윤동주는 조악한 현실과 포기할 수 없는 글쓰기를 두고 많은 반성과 사색을 했다. 그 시기에 나온 작품들은 모두 윤동주의 슬픔과 의지, 생에 대한 고민을 담고 있다. 어떤 무력도 윤동주의 펜을 막을 수는 없었다.

1937년 중일전쟁 이후 일제의 침략이 절정에 달하던 시기, 일제에 굴복하지 않고 손끝으로, 입술로 저항하던 윤동주와 송몽규는 결국 체포된다. 수감생활을 하던 1945년, 광복을 얼마 앞두지 않았던 날 둘은 일본 후쿠오카 형무소에서 차례로 옥사한다.

같은 해에 태어나 같은 길을 걷다가 같은 해에 떠난 두 독립운동가 윤동주와 송몽규. 둘을 기억하며 윤동주가 송몽규를 생각하며 썼다는 시를 옮겨 적었다.

이런 날

사이 좋은 정문의 두 돌기둥 끝에서
오색기와 태양기가 춤을 추던 날,
...(중략)
모순 두 글자를 이해치 못하도록
머리가 단순하였구나.
이런 날에는

잃어버린 완고하던 형을
부르고 싶다.

   마지막 눈을 감는 순간까지 형제이자 지기였던 송몽규와 함께했던 윤동주. 서로가 같은 공간에 있었다는 사실이 얼마나 의지가 되고, 한편으로는 서글펐을까.

   순수한 시절을 함께 보낸 친구는 한참이 지나 만나도 어린 시절 나의 순수함을 마주하는 것 같은 기분이다. 그때의 나만 가질 수 있었던 깨끗한 마음을 함께 나눈 친구를 바라보고 있으면, 지금의 때 묻은 나도 정화되는 것 같다. 아무 걱정 없이 행복했던 그 시절을 다시 마주하는 것. 그게 어린 시절을 함께 보낸 친구의 마법이 아닐까. 그래서 우리 아들도 살풍경한 때때마다 그 친구들이 생각나는 거겠지. 그 아이들의 맑은 우정이 오래도록 이어졌으면 좋겠다.

제 2 장
자녀를 위한 사史심

2-1.

화를 참지 못한 숙종

재작년 겨울, 네 식구가 평창으로 여행을 떠났다. 우리의 출발을 기다렸다는 듯 하늘에서 큼지막한 눈이 펑펑 쏟아졌다. 아들도 어느덧 사춘기 본 게임을 끝내고 있었던 시기라 제법 협조적이었다. 느리게 내려앉아 세상을 하얗게 덮은 눈은 중학생 아들의 마음마저 녹였다. 어린아이로 돌아간 아들과 눈싸움했다. 네 식구가 엉덩이를 한껏 쳐들고 눈을 굴려 눈사람도 만들었다. 나뭇가지로 눈, 코, 입을 만들고 목도리와 모자까지 씌워 완성했다. 서로를 붙잡아주며 종종걸음으로 눈길을 내려오는 내내 웃음이 끊이지 않았다.

일정을 마치고 맞이한 저녁. 가족여행을 떠나면 숙소에서 보내는 저녁 시간이 가장 기다려진다. 팍팍한 일상 중에는 느끼지 못하는 단란함이 있다. 학원 다니느라 늘 밤 10시 넘어 집에 들어오는 아들, 회식이 잦은 남편, 퇴근 후에도 노트북 앞에서 눈을 떼지 못하는 나까지. 딸은 늘 온 가족이 함께 시간 보내지 못하는 것을 아쉬워한다. 상황이 이렇다 보니 어쩌다 떠난 여행에서 네 식구가 옹기종기 모여 앉아 함께 저녁 시간을 보내는 일은 특별하다. 그날만큼은 야식도 음료수도 마음껏 허락되니 아이들 역시 더없이 자유롭다.

평창 여행 첫날밤에는 숙소의 넓은 아래층을 두고 굳이 네 식구가 좁은 계단을 올라가 복층 다락방에 모여 앉았다. 보드게임을 하고 족발과 치킨을 야식 삼아 그동안 하지 못했던 이야기를 실컷 나누었다. 어쩌다 보니 이야기의 흐름이 남편의 군대까지 도달했다. 남편은 교도소에서 교도대원으로 복무했다.

"엄마 깜짝 놀랐잖아. 아빠랑 처음 연애할 때, 단체 톡 방 이름이 OO 교도소야! 순간 가슴이 철렁했어. 다행히 아빠가 얼른 설명해 주셨지."

아이들은 흥미진진하다는 얼굴로 아빠를 바라본다.

"아빠 그럼 범죄자들 만나봤어? 안 무서웠어?"

겁 많은 딸이 침을 꼴깍 삼키며 물었다. 생각만 해도 두렵고 긴장되는 나와는 달리 남편은 교도소 이야기를 할 때도 거리낌이 없다. 재소자들에 대한 편견 없이 그들과 그곳을 떠올린다. 일부를 제외하면 다 똑같은 사람들인데 순간의 실수로 온 사람들이 많았다고 했다.

아이들에게 교훈이 될 이야기를 자연스럽게 해줄 수 있겠다는 생각이 번뜩 들어 남편을 쿡쿡 찌르며 바통을 이어받아 이야기했다.

"그래. 결국 별다른 사람들이 아니야. 우리와 같은 이웃인데 순간의 화를 참지 못해서 범죄를 저지르고 평생 후회하는 사람들도 많지. 다른 이유로 온 사람들도 많지만."

내 의중을 파악한 남편도 이어서 이야기했다. 갑자기 말이 빨라졌다.

"맞아. 살면서 억울한 일이 있거나 화가 나는 일이 있어도 절대 폭력을 쓰거나, 나쁜 일을 하면 안 돼. 그럼 오히려 우리가 지는 거야. 현명하게 대처할 줄 알아야 해."

끄덕거리는 아이들의 말간 얼굴에 흡족했다. 자신의 마음을 다스릴 줄 아는 사람이 되도록, 욱하고 올라오는 감정을 다룰 줄 아는 어른으로 크도록, 수십 번 잔소리하는 것보다 치킨을 먹으면서 나눈 그날의 진한 대화가 아이들에게 오래 남지 않았을까?

욱하는 사람 하면 조선에도 유명한 인물이 있다. 조선 19대 왕 숙종. 환국 정치로 유명한 왕이다.

숙종은 인현왕후 쪽 서인과 장희빈 쪽 남인 사이를 오가며 정국을 운영했다. 인현왕후와 장희빈, 그리고 나중에는 무수리 최 씨까지 숙종의 여인들은 당파 싸움과 얽혀 등장한다. 숙종은 왜 환국이라는 혼란을 초래했던 것일까? 정말 순간순간 여인들을 향한 마음이 옮겨가고 변심했던 것뿐일까?

숙종의 아버지 현종은 조선 국왕 중 유일하게 정실 왕후(명성왕후) 한 사람만 아내로 두었다. 두 사람 사이 1남 3녀 중 1남이 숙종이었으니 얼마나 정통성이 있었던 것인가. 탄탄한 배경을 뒤로하고 왕이 되어서인지 숙종은 즉위하자마자 바로 친정을 실시했다. 14세의 나이에 왕위에 올랐지만 나이 많은 대신들 앞에서도 과감하게 정사를 결정했고 이후 45년 넘게 왕위에 앉아 강력한 왕권을 구축하였다.

왕권 강화의 과정에서 환국(바뀔 환換, 국면 국局)이 일어난다. 숙종의 즉위와 함께 집권했던 남인. 허적을 비롯한 남인의 세력이 커지자 숙종의 태도에 변화가 생기기 시작했다. 1680년 3월, 남인의 영수 허적이 조부를 위한 연회를 열었다.

"허적이 집안의 행사를 치른다고 하니 유악을 가져다주거라."

유악은 왕실의 물건으로, 기름 먹인 천막을 말한다. 왕실의 물건을 쓸 수 있도록 선심 쓴 숙종. 하지만 문제는 허적이 이미 그 유악을 가져가 쓰고 있었다는 사실이다. 싸늘하게 바뀌었을 숙종의 얼굴빛이 시공간을 초월해 이곳까지 느껴져 오싹하다. 그 뒤 피비린내가 나는 환국은 자명한 결과다. 이 첫 번째 환국으로 남인이 축출되고 인현왕후 쪽 세력인 서인이 집권했다.

두 번째 환국은 숙종이 남인 세력 궁녀 장옥정에게 마음을 빼앗기고 그녀와의 사이에서 낳은 아들을 세자로 책봉하면서 일어났다. 장옥정은 결국 빈으로 책봉이 되었고, 인현왕후는 폐비가 되어 쫓겨났다. 서인에서 남인으로 정권이 뒤바뀐 것이다.

하지만 숙종은 인현왕후를 쫓아낸 후 약 5년여 만에 다시 그녀를 찾는다. 숙종이 인현왕후에게 쓴 애절한 편지가 남아 있다.

"때때로 꿈속에서 만나면 내 옷을 부여잡고 눈물 흘리는 그대의 모습에 문득 잠에서 깨 온종일 마음이 무거운 내 마음을 아는가? 다시 궁궐로 돌아오시오."

두어 번의 절절한 편지 끝에 인현왕후는 못 이기는 척 궁궐로 돌아온다. 로맨틱할 때는 한없이 다정한 남자였던 숙종. 매몰차게 인현왕후를 쫓아내더니 잘못을 뉘우친다며 구구절절 편지를 써 5년 전 자신의 행동에 대한 반성과 속죄를 쏟아내고 다시 인현왕후를 찾은 것이다. 서인이 재집권한 1694년의 갑술환국이다.

인현왕후는 궁궐로 돌아왔지만, 궁 안에는 장희빈과 남인 쪽 세력이 남아 있었다. 장희빈의 시녀들은 인현왕후의 꾸중에도 불구하고 침전 창에 구멍을 뚫고 안을 엿보곤 했다. 인현왕후는 장희빈 세력에 의해 늘 감시당했고 결국 시름시름 앓다가 몇 년 후 사망한다. 그로부터 한 달여 후, 비망기가 내려진다. 내용은 장희빈의 자진. 장희빈이 인현왕후를 질투하고 원망하며 저주했다는 소문이 사실로 드러났고 결국 장희빈은 사사된다. 환국이 일단락되는 1701년 무고의 옥이다.

숙종의 여자였던 인현왕후와 장희빈은 둘 다 이른 죽음을 맞고 정국은 혼란에 빠졌던 숙종 말년. 숙종을 만나면 묻고 싶다. 정말 인현왕후와 장희빈 사이에서 마음이 크게 옮겨갔던 것인지, 아니라면 왜 독단적이고 급진적인 결정으로 혼란을 자초했는지 말이다.

단순히 사랑싸움을 넘어선 혼란스러운 정치싸움이 된 환국을 초래한 요인을 두 가지로 정리해 본다. 왕권을 높이려는 숙종의 의도와 불같은 숙종의 성격이다.

숙종은 분명 환국이라는 정권 교체 상황을 통해 본인의 왕권을 강하게 만들고자 했다. 이는 많은 역사학자가 동의하는 부분이다. 더불어, 원론적으로 숙종의 성격도 무시할 수 없다고 생각된다.

숙종의 어머니 명성왕후의 하소연이 기록으로 남아 있다.

'내 배로 낳았지만, 아침, 점심, 저녁 성격이 다르니 감당하지 못하겠다. 주상은 평소 희로애락이 불길처럼 일어난다.'

숙종 역시 스스로 자신의 화병에 대해 걱정스러운 언급을 여러 번 했던 것으로 보면 숙종은 정말 욱하는 성질의 소유자가 아니었나 싶다. 급하고 불같은 성격이 올바르지 않은 결정으로 이어졌고, 그로 인해 많은 혼란이 찾아왔던 것은 아닐까.

화가 날 땐 깊게 호흡하며 딱 한 가지를 기억하자. 화가 난 순간 어떤 행동도 하지 말자. 화가 난 순간의 결심이나 결단, 행동은 우발적이고 섣부른 행동일 경우가 많으니까.

2-2.

포기하지 않은 신라

며칠 전 삼국 시대를 배우던 한 초등학생이 신라가 통일할 수 있었던 이유를 물었다. 신라의 외교력이나 국제 정세 등을 곧 배우겠지만 그전에 조금 더 생각할 수 있게 해주고 싶어서 일단 이렇게 대답했다.
"조급해하지 않고 포기하지 않는 의지? 중요한 건 꺾이지 않는 마음이지."

초등부 수업에는 퀴즈 시간이 있다. 목표 진도를 나간 후, 5분간 암기하고 그날 배운 부분을 퀴즈로 확인한다. 정답을 맞히면 점수를 얻고 점수가 10점 쌓이면 간식을 받을 수 있다. 아이들의 흥미를 높이기 위해 시작했는데 가끔 유독 빨리 맞히는 친구들이 있어 난감하다. 점수를 독점해 버리니 다른 친구들은 맥이 빠진다. 암기 속도나 답을 찾는 속도가 느린 친구들이 상처받거나 좌절하지 않도록 마음을 살피며 일부러 이야기를 해준다. 신라처럼 최후 승자가 될 수 있다고 말이다.

삼국 시대는 한강을 둘러싼 각축전이 벌어졌던 시기다. '한강'을 누가 가지고 있느냐가 관건이었던 만큼 처음부터 한강 주변에 터를 잡은 백제는 삼국 중 가장 빠르게 성장한다. 물산이 풍부하고 무역의 이점이 있는 한강을 기반으로 하여 비약적으로 발전해 4세기 근초고왕 때 전성기를 맞이했다.

이후 고구려의 장수왕은 백제를 공격해 한강을 빼앗는다. 5세기 광개토대왕과 장수왕이 영토를 확장하던 시기가 고구려의 전성기다.

한편, 한강에서 떨어져 있어 중국과 교류할 길목을 갖지 못했던 신라는 발전이 가장 늦었다. 이미 백제는 전성기도 지날 때쯤 막 발전을 시작한 신라. 4세기 후반까지 신라는 '왕'이라는 칭호조차 없이 '마립간(대군장)'이라는 칭호를 쓰고 있었다.

하지만 부정적으로 볼 일만은 아니다. 어쩌면 그 덕분에 고구려와 백제가 치열하게 전쟁하고 있을 때도 비교적 차분하게 국력을 키워갈 수 있었을 테니까. 시작이 늦었던 신라는 포기하지 않고 자국만의 속도로 꾸준하게 왕권을 높여 나갔다.

5세기 고구려의 전성기, 압박받던 신라는 백제와 손을 잡고 대항했다. 이것이 '나제동맹'이다. 꾸준하게 발전을 도모한 신라는 6세기 백제와 함께 고구려를 공격해 마침내 한강을 빼앗았다. 곧 신라는 백제의 몫이었던 한강 유역 하류까지 차지하며 동맹을 결렬시키고 한강을 독점하는 최후 주인공이 된다. 발전이 가장 늦었던 신라는 뒷심을 발휘해 최종적으로 삼국을 통일하고 통일 신라 시대를 이어간다. 결국 우리 역사상 가장 긴 기간을 존속했던 나라로 '천년의 역사, 신라'라고 불리는 영광을 갖게 되었다.

삼국 통일 과정에서 신라는 중국 당나라와 손을 잡았다. 이미 고구려와 백제가 한편이 되어있었기 때문에 중국을 선택한 것이다. 외세와 손을 잡고 통일했다는 점이 역사적으로 안타깝긴 하지만, 시의적절한 외교정책 덕분에 최종 승자가 될 수 있었다. 시작은 늦었지만 포기하지 않고 때를 도모했기 때문에 결국 해냈다. 주변에 휩쓸리지 않고 포기하지 않는 끈기가 신라의 성공 비결이라고 할 수 있다.

10년 전, 처음 학원 일을 시작할 때는 편견이 있었다. '학습이나 암기 속도가 빠른 친구들이 공부를 잘하고 좋은 대학에 갈 것이다.', '글씨를 잘 쓰는 아이가 똑똑할 것이다.' 등의 편견을 보란 듯이 깨준 학생들이 참 많은데 그중 기억에 남는 두 친구가 있다.

두 학생을 만난 건 초등학교 4학년 때였다. 현우는 이해가 빠르고 암기도 잘하던 친구다. 적극적인 성격에 이것저것 두루두루 잘하다 보니 늘 회장을 도맡고 아이들을 몰고 다녔다. 진영이는 평범한 친구였다. 부족한 부분은 없었지만, 현우와 함께하다 보니 만년 2등이었다. 진영이는 본인의 이해력이나 암기 속도가 빠르지 않다는 것을 알고 있었다. 그래서인지 늘 현우보다 오래 앉아 있었다. 수업이 끝나도 더 공부하다 가도 되냐고 물었던 진영이. 1등에 목말라했고 그만큼 더 노력했다. 수업이 시작되면 항상 5분 내외로 복습 시간을 갖는데, 현우는 늘 자신만만했다.

"자 오늘부터 문제 풀 예정이니까 한번 훑어보고 시작하자. 5분 줄게. 빠르게 복기!"

"아 쌤, 괜찮아요. 저 다 알아요. 완전 이해했어요."

"아 야, 안 돼. 잠깐만 볼게요. 기다려주세요."

현우와 진영의 반응은 이렇게 다르다. 수업을 잘 듣는 것만으로 맥락이 이해되어 주요 내용은 저절로 암기될 수 있다. 하지만, 시험에서는 그 이상이 필요하다. 꼼꼼하게 세세한 부분까지 암기를 해줘야 만점이 나온다. 하지만 현우는 그 시간을 견디지 못했다. 왜 안 풀리는지, 잘 외워지지 않는지 고민할 필요가 없었던 현우는 학년이 올라갈수록 시험 점수가 떨어졌다. '머리가 좋아' 쉽게 좋은 점수를 받아왔던 학생 중 이러한 경우를 종종 본다. 초등학교와 중학교 때 조금만 공부해도 높은 등수를 받아왔기 때문에 고등학교 시험에서도 같은 결과를 기대하며 크게 노력하지 않다가 좌절을 맛본다.

그때가 중요하다. 좌절을 겪는 순간, 자신의 한계를 인지하고 자기 객관화를 통해 문제점을 파악한 후 실력을 연마하면 된다. 이럴 경우 주된 문제점은 공부 '시간'이다. 단순히 알고 이해하는 것을 넘어 자신의 것으로 익을 수 있는 시간. 단편적 지식이 자신의 것으로 무르익으려면 그만큼 반복적이고 정성스러운 노력이 필요하다. 그 사실을 깨달아 엉덩이 힘을 기르고, 아는 것도 다시 한번 보는 힘을 키운다면 더 폭발적인 성장이 일어난다. 하지만 이미 자신을 채찍질하는 데에 익숙하지 않은 아이들은 현실을 인정하고 싶지 않다. 회피하며 아까운 시간을 흘려보낸다. 자신에게 주어진 행운이 독이 될 수 있다는 것은 인생의 진리인가 보다.

진영이는 자신의 부족함을 알고 계속 노력했다. 물론 현우가 좋은 두뇌를 기반으로 더 노력했다면? 진영이가 좌절감에 빠져 포기했다면? 달라질 수 있다. 그럼 또 다른 결과가 나왔겠지만, 현우가 아닌 진영이가 꾸준한 노력으로 명문대 입시에 성공했다는 것이 이 이야기의 결말이다.

물론 명문대 입학으로 인생이 결정된 것은 아니다. 학원 운영자로서, 학부모로서 입시 결과의 성공 여부를 말한 것뿐이다. 명문대 입시 성공 여부와 달리 현우가 더 멋지고 행복한 인생, 성공한 인생을 살 수 있다. 다만 확률적으로, 명문대를 나온 학생들이 그렇지 않은 학생들보다 더 성실한 학창 시절을 보냈을 확률이 높고 그 여정은 아이들의 성공과 행복의 단단한 기반이 될 것이 분명하다. 그들은 앞으로 살아가면서 계속 자신의 위치를 확인해 나갈 것이다. '난 이 정도는 해야 하는 사람이야.' 생각하면서 자신을 명문으로 만들어 나갈 것이다. 끊임없이 노력한 그들의 삶은 조금은 더 평탄하고 풍요로울 것이다. 그런 이유로 많은 학생들에게 열심히 공부해 좋은 대학에 가자는 잔소리를 하는 편이다. 학창시절 느낀 성취감은 중독이 되어 자신을 계속 그 위치로 끌어올려 줄 테니까.

현우나 진영이는 지금도 종종 찾아온다. 명문대에 들어간 진영이를 보며, 이번에는 현우가 조금 늦게 자신의 길을 찾아가고 있다. 시간을 되돌릴 수 없다는 것을, 지나고 나면 보이는 삶의 불변한 진리가 있다는 것을 지금 학생들도 느낄 수 있었으면 좋겠다.

신라의 통일이 보여준 꼴찌의 반란은 우리가 어떠한 자세로 살아가야 하는지를 보여준다. 가지지 못한 것에 대해서 좌절하고 포기하는 것이 아니라 차분하고 꾸준하게 자신의 기량을 넓히는 것, 삼국 시대의 메시지였다.

2-3.

전쟁 속 적절한 포지셔닝

환갑이 한참 넘으신 아빠는 아직도 청년들과 축구하신다. 특별한 일정이 없는 주말이면 온 가족이 모여 축구한다. 우리는 동네에서 유명한 축구인들이다. 주말마다 아빠는 축구를 중요하게 여기셨기 때문에 가족여행을 많이 다녀 보지 못했다. 누구보다 다정하고 가정적인 분이지만 축구만큼은 양보하지 않으셨다. 어디를 나가셔도 일요일 오후에는 꼭 돌아와 운동해야 한주의 마무리와 시작이 이루어진다. 아빠와 남동생은 주로 동네 청년 멤버를 모아 축구하는데 어느새 우리 아들까지 새로운 멤버가 됐고 이제 나와 남편까지 종종 합류한다. 할아버지와 삼촌 사이에서 아장아장 걸어 다니며 공만 뻥뻥 차던 아들은 이제 180cm의 키로 풋살장을 누비며 삼촌과 전략적 패스를 주고받는다. 열 살 딸까지도 정규 멤버가 될 마당이다. 모두 축구 홀릭이다.

오늘은 가족 축구를 하는 날이었다. 아빠는 가끔 멤버가 없거나 부족하면 우리를 부르신다. 나와 남편은 차분하게 쉬려고 누웠다가도 할아버지의 연락을 받고 조르는 딸 등살에 운동장으로 질질 끌려 나간다. 애 둘 둔 아줌마가 청년들과 축구하다니. 중얼거리면서도 몸은 어느새 운동화를 꺼내 신고 달려 나가고 있다.

"아, 엄마! 그것도 못 맞춰?"

아들, 남동생, 나 세 명이 같은 편 딸, 남편, 아빠가 같은 편이었다. 나와 딸은 전력이 비슷하기 때문에 같은 편이 될 수 없다.

주로 나는 아들과 짝이 된다. 이런 경우 우리의 전략은 이렇다. 아들과 남동생이 경기장을 뛰어다니며 골 찬스를 만든다. 나는 이들보다 골을 뺏는 스킬이 부족하니 골대 주변에 포지션을 잡는다. 골 찬스를 만든 아들이 나에게 패스하면 내가 골대 앞에서 발을 살짝 대며 방향을 잡아 골을 넣는다.

아……. 말이 쉽지. 방향을 맞춰 골로 연결하기 쉽지 않다. 자꾸 헛발질하는 나를 보며 아들이 한숨을 천둥처럼 쉰다. 민망해진 나는 포지션을 바꿔서 수비를 보러 간다. 작게 하는 경기라 수비수를 따로 두지 않고 번갈아 가며 수비를 하곤 하는데 내가 들어가서 막으려는 순간 골을 먹혔다. 아니나 다를까. 결국 아들에게 혼났다. 아들이 덧붙이는 말,

"공격수는 열 번 중에 한 번 잘해도 최고 소리를 듣는데 수비수는 열 번 중 한 번 못해도 최악 소리를 들어."

축구할 때 아들이 유독 대단해 보인다. 훌륭한 전술은 물론이고, 정확히 내 발 앞에 공을 패스해 주니 신기할 따름이다. 뉘 집 아들인가 감탄만 하며 아들 얼굴 쳐다보고 있다가 또 공을 놓쳤다.

"엄마, 어디 있는 거야! 축구는 어디서 패스받는지가 중요하다니까?"

또 잔소리가 들려 얼른 공의 위치를 파악한다. 달리면서 아들의 명언을 곱씹었다. '어디서 패스받는지가 중요하다. 포지셔닝이 중요하

다….' 인생의 포지셔닝은 잘하고 있는 걸까 생각하면서 바쁘게 눈을 굴려 공을 찾는다.

가끔 나의 포지션이 버거울 때가 있다. 어른이 되면 자의 반, 타의 반으로 나 하나는 여러 캐릭터로 증식되어 수많은 자리에 포진된다. 어른이라면 당연히 주어지는 많은 역할. 그 역할을 제대로 소화하지 못해 종종 무력감에 휩싸이곤 한다.

평소 가장 많은 에너지를 쏟는 것은 아무래도 사회적 역할이다. 학원을 운영하며 아이들에게 글쓰기와 역사를 가르치는 선생님으로서 교습 방법을 연구하거나 교재를 만드는 데 많은 시간을 할애한다. 여러 방면에서 풍부한 지식을 갖추고 있어야 아이들에게도 많은 이야기를 해줄 수 있다고 믿기 때문에 공부가 끝이 없다. 다음으로 많은 시간을 보내는 것은 엄마 역할이다. 언제 어디서나 가장 마음을 쓰면서도 부족함이 느껴지는 위치다. 평일 중 하루는 온전히 쉬며 아이들과 시간을 보낸다. 못다 한 이야기도 하고, 미뤄둔 일정도 소화하고, 공부도 시키며 엄마로서의 하루를 보내면 온전한 양육자 역할이 주는 행복을 만끽할 수 있다. 주말엔 아들, 딸과 축구도 하면서.

제일 부족한 포지션은 딸 역할이 아닐까 싶다. 마음만큼은 매일 아침 아빠와 함께 운동하고 싶고 엄마 한의원도 모시고 가고 싶지만 바로 옆에 살면서도 하루에 두어 마디 겨우 나눌 정도로 엄마와 대화하지 못한다. 챙겨드리기는커녕 아직 엄마의 희생만 받아먹는다.

작가로서 글쓰기 수업에 자주 참여하지 못하는 아쉬움, 누나로서 동생을 살뜰히 챙기지 못하는 미안함, 아내로서의 부족함까지. 늘 잘하지 못한 것을 품고 살다 보니 몸이 무겁다.

자신의 포지션에서 최선을 다해준 의병들이 있었다. 1592년 4월, 일본이 조선을 침략한 임진왜란, 약 20일 만에 수도 한성이 함락될 만큼 임진왜란 초반에는 우리가 열세였다. 일본에는 우리에게 없던 조총이 있었다. 장전하는 데 시간이 걸려 아주 유용했다고 보기는 어렵지만 그래도 총이다. 게다가 약 200년간 큰 전쟁이 없었던 탓에 우리는 군사제도도 엉망이었다. 이 모든 열악한 현실을 극복하고 우리가 승리할 수 있었던 이유로 두 가지를 꼽는다. 수군과 의병의 활약. 이순신의 수군 이야기는 워낙 유명하니 차치하고 의병에 대해 살펴보자.

자발적으로 모인 군대인 의병은 당시 우리나라 곳곳을 지킨 군사들이다. 대표적으로 최초의 의병이라 불리는 곽재우가 있다. 곽재우는 왜군의 보급로를 차단하고 곡창지대인 호남 지역을 지키는 데 결정적인 역할을 했다. 노비 몇 명과 함께 시작했다가 세력을 키워, 의병을 일으킨 지 얼마 되지 않았음에도 2천 명이 되는 큰 규모의 의병부대를 이끌게 된다. 김시민 장군의 전투로 유명한 진주대첩의 승리에는 김시민과 같은 관군의 활약뿐 아니라 곽재우 같은 의병의 역할 또한 컸다. 진주성 외곽에서 일본군을 교란하며 힘을 보탰기 때문이다.

곽재우와 함께 호남을 지켰던 김천일과 고경명, 충청도 의병장 조헌과 영규, 함경도를 지킨 정문부 등 수많은 의병이 각자의 자리에서 포지션을 지키며 맡은 바를 해냈다. 유격전을 통해 빠르게 움직이며 적진에 돌진하거나 매복하는 전술로 일본군을 크게 무찔렀던 의병 덕분에 임진왜란을 잘 이겨냈던 것을 잊지 말아야 한다.

어떤 위치든 갈 수 있는 가벼운 몸놀림과 영역을 지킬 줄 아는 능력이 있다면 축구에서의 포지션도 인생에서의 포지션도 어렵지 않을 텐데, 그저 버겁다고 생각만 하고 있으니 문제다. **생각을 바꿔야 한다. 포**

지션 전환을 할 수 있는 가벼운 마음가짐과 각 포지션에서 필요한 능력치를 꾸준히 연마하는 자세가 필요하겠다. 수많은 역할갈등 속에서 그때그때의 우선순위를 잘 정할 수 있는 정확한 가치판단 역시 필수다.

아들이 며칠 전 주말 저녁 한 이야기를 덧붙인다.
"엄마, 내 몸을 몇 개로 만들었으면 좋겠어. 나 한 명은 학원 보내서 공부하고, 한 명은 운동 시켜서 능력치 키우고. 난 집에 온종일 누워서 좀 쉬고 싶어. 여러 명의 내가 각자 공부하고 운동하고 나서, 진짜 나한테 와서 그 능력치를 올려주고 가는 거지."
아들의 농담에 웃고 넘어갔지만 내심 안쓰러웠다. 자신의 포지션이 버거운 건 어른뿐이 아닌가 보다.

2-4.

소헌왕후를 아끼던 세종, 세종을 믿은 소헌왕후

"메리 크리스마스! 우리 딸!"

결혼 전 스물셋 성탄절까지도 머리맡에 크리스마스 선물이 놓여 있었다고 하면 친구들은 믿지 못한다. 엄마와 아빠는 그런 분이셨다. 우리를 위해 작은 행복도 놓치지 않는 분들. 늘 사랑을 넘치게 주셨던 부모님 덕분에 크리스마스가 다가오면 나는 아직 어린아이처럼 설렌다. 생일이나 크리스마스엔 특별히 더 행복하게 보내려는 마음이 악착같이 든다. 우리 아이들에게도 그득한 행복을 맛보게 해주고 싶어서.

사랑 넘치는 성탄절. 7살이던 딸은 어린이들만 크리스마스 선물을 받아 미안하다며 가족에게 편지를 써주었다.

"순지에게. 소연 산타가. 순지야! 20년 만에 오는구나…."

'아가아가한' 글씨로 산타할아버지를 흉내 낸 딸이 준 편지와 선물. 결혼 후 오랜만에 찾아와준 산타가 반가워 눈물이 찔끔 났다.

"뭐가 들었을까?"

호들갑을 떨면서 포장을 뜯는다. 딸이 건네준 포장지가 폭신폭신하다. 폭신한 것의 정체는 수면양말이었다. 양말, 스프링 노트, 펜, 커피, 보드마카… 필요한 것, 좋아하는 것만 쏙쏙 골라서 담아둔 산타클로스 딸의 선물이다. 나에게 필요한 것을 이렇게 잘 알아줄 수 있을까? 남편도 모를 세세한 부분까지 알아주고 기억해 주는 딸에게 참 고맙다.

얼마 전, 수요일이었다. 수요일은 딸이 학교 도서관에 다녀오는 날이라 읽고 싶은 책을 빌려온다. 저녁때 만난 딸은 책을 빌려왔다고 잔뜩 자랑했다. 오늘은 특별히 재밌는 책을 빌렸나 싶은 생각으로 무심코 책을 건네받았다가 깜짝 놀랐다. 나를 위한 세계사 책이었다. 요즘 세계사 교재 만드는 중인 걸 알고 있었나 보다. 자그마한 몸집으로 엄마를 위해 두꺼운 세계사 책을 두 권이나 빌려 낑낑대고 들고 왔을 딸에게 또 감동했다. 매일 내 눈은 마를 새가 없다.

'엄마 이거 좋아하잖아', '엄마 여기 아팠던 것 괜찮아?' 늘 세심하게 엄마를 보듬는 딸. 장난을 치다가도 '엄마는 목이 안 좋아서 막 밀면 안 돼. 엄마 목을 받쳐줘야 해.'

사소한 대화 속에서 딸의 사려 깊은 언어를 들을 때면 그 아이의 따스함이 온몸 구석구석 스민다. 그리고 생각한다. 왜 이렇게 행복하지? 딸의 마음이 예뻐서일까, 딸이 나를 알아주는 것이 행복한 것일까. 마흔이 넘은 나이에도 누군가가 나를 위해 마음을 써준다는 것, 교감한다는 것은 이렇게 행복하구나.

이것이 소통과 교감의 가치 아닐까 싶다. 어려서부터 친구를 사귀는 일, 타인과 관계를 맺고 살아가는 일, 연애하고 가정을 꾸리는 일, 아이를 양육하는 일. 상대방의 행복한 모습을 보며 나 또한 행복을 채우는 일. 모두 소통하고 싶고 사랑하고 싶은 본능 아닐까?

"넌 못 나오지?"

저녁마다 자주 모이는 지인들이 있다. 저녁 시간에는 거의 나갈 수 없는 나의 사정을 알기에 이제 거의 연락이 오지 않는데 얼마 전 오랜만에 전화가 왔다. 반가운 마음과 지인의 목소리가 좋지 않아 걱정되는 마음에, 점심시간에 만날 수 있는 날을 찾아 일 년 만에 그녀를 따로 만났다. 왜 이렇게 바쁘냐, 그대로다, 안부 인사로 시작해 그녀가 무거운 이야기를 꺼냈다.

"나 사실 이혼하고 싶어서…점까지 봤어."

'올 것이 왔구나.' 하는 생각에 정신이 번쩍 들었다. 결혼 초부터 다툼이 많은 부부였다. 누가 봐도 성향이 달랐다. 다른 사람끼리 만나서 결혼한다고들 하지만 달라도 너무 다르면 서로 소통이 되지 않나 보다. 사람 만나길 좋아하고 대화하기를 좋아하는 그녀와 달리 그녀의 남편은 말수도 적고 무뚝뚝했다. 칭찬한다거나 다정하게 말하는 것을 어려워하는 사람이었다. 좋아도 좋다고 말하지 않는 청개구리 같은 사람. 하지만 속은 따뜻한 사람이었다. 허튼 행동은 하지 않는 성실한 사람 같아서 그래도 잘 살 줄 알았다.

용하다는 점집 이야기를 그대로 믿지는 않았지만, 점쟁이의 말로는 별다른 수가 없고 조금 있으면 대운이 들어와 관계가 좀 나아질 테니 기다려보라고 했단다. 어쨌든 이혼을 부추기지는 않아서 다행이었다.

남편이 따뜻하게 대해주지 않아 너무 외롭고 힘들다는 그녀는 허전함을 채우기 위해 종종 늦게까지 친구들과 만나 술을 한 잔씩 하게 됐다고 털어놨다. 엄마를 기다리고 있을 아이들이 눈에 밟히지만, 저녁시간 술자리를 끊기가 어렵다고 토로하는 그녀가 애처로웠다.

답답해도 대화를 조금씩 시도해 보라고 조언했다. 그녀도, 남편도 조금씩 자신을 바꾸고 서로에게 다가가야 한다. **부부관계를 회복시켜 줄**

수 있는 것은 교감과 소통뿐이다.

조선 시대 왕 중 가장 사이가 좋았던 부부로 꼽을 수 있는 세종과 소헌왕후. 세종과 두 살 연상이었던 소헌왕후 심 씨는 서로 아끼고 공경했다. 많은 후궁을 둘 수 있고 권력 투쟁이 난무하여 순수한 정을 통하기 어려웠던 조선 왕실 안에서 둘은 서로를 파트너로서 반려자로서 진심으로 아끼고 사랑했던 듯하다. 세종 14년의 기록에는 아래와 같이 세종이 왕비를 칭찬한 대목이 있다.

"왕비의 품성이 덕스럽고 부드러우며, 아름답다."

"마음가짐이 깊고 고요한 여성이며 스스로 마음을 통제할 수 있는 사람이다."

"매우 유순하고 언행이 훌륭하다."

인성에 대한 칭찬은 물론 구체적으로 내면을 높게 평가하는 부분이 인상 깊다. 철원 지역으로 강무를 간 세종은, 긴급한 일이 생기면 행재소로 달려와 아뢰지 말고, 중궁의 명령을 받들어 시행하라고 할 정도로 왕비를 신뢰했다고 한다.

소헌왕후는 세종의 믿음에 부응하듯 리더십 있는 국모의 모습을 보인다. 세종의 아버지인 태종의 견제로 아버지는 죽고 친정은 몰락했다. 무너진 친정 가문과 관노비로 괴로운 삶을 살고 있는 친정엄마 생각에 분노했을 법하다. 감정에 매몰되어 모든 것을 망쳐버렸어도 이상하지 않은 상황이었지만 그녀는 초연했다. 세종의 깊은 위로와 신뢰로 치유받았던 것일까?

왕비가 들어오거나 나갈 때면 반드시 일어서서 맞이하고 배웅하고자 했다는 세종. 온갖 치정과 권력다툼이 난무하던 그 시대에 끈끈한 부부간의 정과 의리를 엿볼 수 있어 마음이 따뜻해진다.

내가 글을 쓰고 싶고 책을 좋아하는 이유도 '교감'이다. 나 스스로와의 교감, 타인과의 교감, 세상과의 교감. 책을 읽다가 내 마음과 같은 구절을 만나면 반가워 눈길이 오래 머무른다. 복잡했던 마음을 명료하게 표현해 주는 저자의 구절을 만나면 한없이 고맙다. 꼭꼭 씹어 좋은 영양분을 소화시키려는 사람처럼 한 글자, 한 글자를 곱씹는다. **그렇게 마음을 정리하고 소소한 삶의 상처들을 치유받는다. 놓치던 사실을 깨닫고 배움을 얻으며 글이 전달하는 에너지를 오롯이 받아낸다.**

나 역시 치유할 수 있는 글을 쓰고 싶다. 독자에게 힘을 주고 싶다는 마음으로 쓴다. 내가 알게 된 삶의 가치를 독자에게 전하고, 그들이 공감받고 있다는 것을 느끼고 위로받을 수 있도록, 많은 사람이 나의 글을 통해 숨을 쉴 수 있도록 말이다.

2-5.

일과 사랑을 다 놓친 공민왕

"선생님, 첫사랑 언제였어요?"

예나 지금이나 흔히 들을 법한 진부한 질문이지만, '첫사랑'이라는 단어만으로도 작은 교실이 들썩인다. 종종 듣는 짓궂은 질문이지만 나 역시 어린 시절로 돌아가는 마법 같은 찰나를 경험한다.

초등학생 때 같은 반이 되지 않아 남몰래 아쉬워했던 남학생이 떠오르기도 하고, 고등학생 때 좋아했던 동아리 선배가 떠오르기도 하고, 그러다 대학생 때 첫 연애가 설핏 생각나면 누구에게 들킬까 서둘러 수업을 시작한다.

요즘 학생들은 이성 교제의 시기도 정말 빠르다. 초등학교 6학년 학생이 이미 두어 명의 여자 친구가 있었다고 떠벌리는가 하면, 중학교 1학년 여학생은 벌써 남자 친구와 2주년이라며 선물을 고민하기도 한다.

놀랍기도 하고 걱정스러워 캐물으면 막상 바깥에서 데이트다운 데

이트를 한 경우는 거의 없다. 그저 아이들끼리 설레는 마음으로 '고백'하고 서로의 남자 친구, 여자 친구로 도장을 꾹 찍어 자기편을 만들어 두는 경우가 다반사다. 그나마 다행이라고 느끼면서도 경계를 늦추지 않는다. 아직 어린 학생들이 자칫 잘못된 판단으로 일탈하게 될지 몰라 노심초사 지켜보게 된다.

바쁘고 지루한 학업의 일상에서 서로 아껴주고 위해주는 자기편, 설렘과 기대감을 안겨주는 특별한 친구를 만드는 일, 막으려야 막을 수도 없고 무조건 반대할 수 없다. 하지만 지나치게 빠져들어 학업이 뒷전이 되거나, 관계가 틀어져 상실감으로 중요한 시기를 허송세월 보내게 되면 큰 문제이니 걱정하지 않을 수가 없다.

얼마 전 고등학교 2학년 한 여학생이 창백한 얼굴로 남자 친구와 헤어졌다고 고백했다. 그 학생은 2년 넘는 기간 동안 안정적으로 연애를 해왔다. 남자 친구를 사귀면서도 차분하고 성실하게 공부를 잘하던 그 친구 덕분에 이성 교제에 대한 편견이 조금 사라졌던 것도 사실이다. 하지만 그 여학생마저도 결국 헤어짐 앞에서는 무너졌다. 중요한 내신 기간, 몇 달을 힘들어했다. 안 그래도 말랐던 학생은 5kg 넘게 체중이 빠지면서도 상실감에서 쉽게 빠져나오지 못했다. 그 학생은 결국 한 학기 내신을 완전히 망치고 나서야 일상으로 복귀했다. 연인과 헤어졌을 때 오는 상실감과 허탈함, 종종 따라 오는 배신감까지, 복잡하고 잔인한 감정은 아직 어린 학생들이 감당하기에 버거울 수밖에 없다.

연인과의 이야기는 역사 속에 많이 등장하지만, 사랑하는 사람을 잃은 상실감으로 괴로워했던 대표적인 군주로 공민왕을 이야기하지 않을 수가 없겠다.

고려 31대 왕 공민왕의 재위기는 원나라(몽골)가 고려를 간섭하던 시기였다. 약 40년간 이어진 대몽항쟁에도 불구하고 고려는 원나라에 항복할 수밖에 없었고 고려는 원나라에 공녀와 공물을 바치고 관제가 격하되는 등 많은 수모를 당했다. 충렬왕이 원나라의 제국대장공주와 혼인한 이후 고려는 원나라의 공주와 결혼을 이어갔다. 원나라 황제와 고려의 왕이 장인과 사위의 관계를 맺기 위한 정략적인 일이었다. 몽골 공주는 고려의 국왕을 하대하기도 하고 고려 국왕은 몽골 공주가 아닌 다른 고려의 후궁들에게 더 마음을 쏟기도 하는 등 부부관계가 원만하지 않았다. 하지만 그 예외를 보여주는 인물이 있었으니 바로 공민왕과 노국대장공주다.

　원나라의 노국대장공주를 부인으로 맞이한 공민왕은 즉위 후 반원개혁을 펼친다. 몽골에 바치던 공녀와 공물을 중지시켰고 관제를 복구했으며 빼앗겼던 영토인 쌍성총관부를 수복하는 등 원에 대항해 자주개혁을 펼쳐나간다. 친원파가 부당하게 착취한 토지와 노비를 바르게 돌려놓았고 새로운 세력인 신진사대부를 등용하여 새 나라를 만들고자 했다.

　노국대장공주는 공민왕을 자신의 부군이자 고려의 왕으로 받아들이며 그를 지지했다. 몽골 세력과 내통한 김용이 공민왕을 시해하려 한 홍왕사의 난이 일어났을 때도 노국대장공주는 목숨을 내놓으며 왕을 지켰다. 공민왕 역시 노국대장공주를 각별하게 아꼈다. 혼인한 지 10년이 지나도록 대를 이을 왕자는 물론 공주도 낳지 못한 부인임에도 불구하고 극진히 아끼고 사랑해 후궁을 들이지 않았다. 16년 만에 극적으로 아이가 생겼지만 안타깝게도 아이를 출산하는 과정에서 아이와 노국대장공주는 사망하고 만다.

　공민왕은 슬픔을 이기지 못했다. 노국대장공주의 무덤과 공주의 초상화를 모시는 영전 공사를 10여 년에 걸쳐 무리하게 진행했다. 신하들의 반대를 무릅쓰고 공사를 강행하고 간언하던 신하들을 축출하는 등 포악하게 변모했다. 점차 신하들을 의심하고 패악질까지 일삼았다는 공민왕은 결국 신하에게 시해당했고, 고려 말 개혁 군주의 시대는 그렇게 막을 내렸다.

공민왕의 반원 개혁도 물거품이 됐다. 공민왕의 여러 개혁은 유명무실해졌고 친원파 권문세족은 다시 권력을 잡게 된다. 일과 사랑을 다 거머쥔 듯해 보였던 공민왕은 이별을 받아들이지 못했고 점차 자신조차 잃어갔던 것이다.

사랑 후에 오는 이별. 결혼을 하고 함께 살던 부인의 사망에 비하겠냐마는 처음 가족이 아닌 타인을 온전히 아끼며 마음을 주었던 아이들에게도 짧게나마 이별의 고통 값은 더할 나위 없이 크게 다가올 것이다. 삶의 긴 여정으로 보면 값진 시간임은 분명하지만, 성적에 많은 것이 달라지는 이 시대 학생들에게 연애는 독이 될 수밖에 없다. 학생들이 이 글을 보고 있다면, 아껴두라고 하고 싶다. 누군가를 만나서 깊게 마음을 주고받는 일은 조금 더 아껴둔 뒤에 해도 늦지 않다고. 차라리 지금은 진지한 만남과 이별을 경험하기보다는 좋아하는 마음만 간직하는 것이 낫지 않겠냐고 말이다.

이미 만나고 있거나 아픈 감정을 겪고 있다면 이별을 받아들일 수 있는 자세를 갖추도록 당부하고 싶다. 만나면 헤어지기 마련이고 누구에게나 언제나 뜻하지 않게 이별은 찾아올 수 있다.

많은 감정을 겪으며 성장할 수 있어야 하지만, 그것과 별개로 **자신의 미래를 가장 높은 가치로 두고 준비할 수 있어야 한다. 그렇게 일과 사랑을 분리하는 연습을 해나가면 성인이 되어서도 충분히 마땅한 연애를 해나갈 수 있을 터다. 일과 공부의 고통을 사랑으로 이기고 사랑의 고통을 일과 공부로 이겨가며 자신의 값진 미래를 준비하는 자가 진짜 승자임을 기억했으면 좋겠다.

2-6.

자신을 낮추고 주변을 살피던 안창호

얼마 전 주말, 오랜만에 남편과 데이트를 했다. 몇 년 전까지만 해도 평일에 가끔 쉬던 남편 근무 일정 덕분에 아이들 없는 오전 시간을 활용해 종종 서울 시내를 누비곤 했는데 남편의 사정이 달라지면서 소소한 재미가 사라졌다. 혼자 보내는 오전 시간은 자연스럽게 집안일과 공부로 채워졌다. 언제 시간이 있었나 싶을 정도로 또 촘촘하게 짜인 팍팍한 일상. 바쁘게 사는 우리 부부 내외가 안타까웠는지 동생이 주말에 조카들을 봐주겠다며 바람을 쐬고 오라고 했다. 예나 지금이나 참 다정한 동생이다. 평소 같았으면 괜찮다고 사양했을 텐데 이번에는 냉큼 그러겠노라 했다. 일 년 내내 기다린 가을이니까. 가을 냄새 맡으러 훌쩍 나가고 싶은 마음이 매일매일 간절하던 때였다.

아이들을 두고 멀리 나갈 수도 없고, 가까운 시내에 가을 정취를 느낄 수 있는 곳이 있을까 하다가 문득 생각난 곳이 도산공원이다. 역사 에세이를 쓰던 중에 자주 등장하고 떠오르는 인물이 안창호였다. 안창호의 흔적을 조금이라도 느끼고 온다면 더 다채롭게 표현할 수 있지 않을까 싶어서, 그리고 공식적 명분이 있다면 동생에게도 덜 미안할 것 같아서 도산공원에 가기로 했다.

목표이자 명분이 정해지고 나니 아이들을 두고 나서는 마음이 훨씬 가벼워 준비를 서둘렀다. 아이들 간식을 챙겨두며 준비하다 보니 남편은 벌써 옷을 입고 나가 있었다.

도산공원으로 가는 길, 묻지도 않은 남편에게 안창호에 관해 설명했다. 사랑꾼 면모가 흠씬 풍기는 안창호의 인품에 대해, 독립운동가로서의 발자취에 대해. 공적으로 훌륭하더라도 사생활에 대한 기록이나 소문에 눈살이 찌푸려지는 경우가 부지기수인데, 그런 면에서 남편과의 데이트 장소로 도산공원을 정한 것은 참 잘한 선택이었다고 생각했다.

한참 설명에 빠져 걷다 보니 내가 생각한 버스정류장 방향이 아니라 지하철역 가는 길이다. 버스 타는 게 아니냐는 질문에 남편이 기막혀 웃는다.

"어디 있는지도 모르면서 가자고 했어? 압구정역 근처잖아!"

서울에 살면서도 학교와 집 또는 회사와 집만 다니던 나는 도산공원이 예전에 다니던 회사가 있는 압구정역 근처에 있는 줄을 그날 알았다. 막연히 삼성역 근처라고 생각하고 있던 무지한 나를 대신해서 지하철역으로 걸어가는 동안 남편은 반나절 데이트 일정을 짰다. 도착지는 압구정역이었다. 3호선을 30분간 타고 압구정역에 내리는 과정은 10년 전 회사를 그만두기 나의 오전 일상이었다. 본의 아니게 주말 외출의 부제목은 추억 여행이 됐다.

압구정역에 내려 주변을 돌아보며, 입사 동기였던 남편과 추억을 공유했다. '여기 그대로네'를 연발하며 손을 잡고 걸었다. 압구정역 근처 둘둘치킨이 있던 자리를 찾아가 맥주 한잔하고 싶은 마음을 누르고 본래의 목적을 상기시키며 도산공원에 도착했다. 공원은 크지 않았다. 들어가자마자 오른쪽에는 안창호 기념관이 있다. 기념관에 곡진하게 담겨 있는 안창호의 발자취와 흔적들을 보니 들떴던 마음이 어느새 차분해졌다.

입구에 있는 커다란 안창호의 동상과 함께 사진부터 한 장 찍었다. 안창호는 교육자로서 민족 지도자로서 희생적인 삶을 산 인물이다. 교육과 독립을 논하는 자리에는 빠지지 않고 등장하는 안창호 이름 석 자. 임시정부의 내무 총장으로서 보여준 안창호의 태도는 수업 시간마다 빠뜨리지 않고 강조하는 주제다. 임시정부가 갈등으로 존폐의 기로에 처했을 때도 안창호는 본인의 주장을 내세우기보다는 전체를 위해 자신을 낮추고 갈등을 봉합하는 것을 최우선으로 행동했다. 교육자, 지도자로서 그의 삶을 돌아보면 통합과 겸손의 리더십을 느낄 수 있다.

안창호는 16살에 청일전쟁을 겪으며, 나라를 위해 일생을 바치겠다는 결의를 다졌다고 한다. 이후 독립협회 활동을 주도했고, 미국으로 건너간 후에는 공립협회를 만들어 교민 지도를 이어갔다. 당시 그는 연설 능력과 통솔력이 대단했다. 그의 통솔력은 단순히 카리스마 있고 언변이 뛰어나서가 아니다. 공감과 소통의 리더십이다. 겨울철에 눈이 쌓이면 앞장서서 쓸어가며 교민들 집 주변을 청소하고 한인들을 돌봤다. 단순히 교민들의 마음을 얻기 위함이 아니라, 미국에서 한인들을 긍정적으로 볼 수 있도록 몸소 솔선수범했다.

캘리포니아 오렌지 농장에서 그가 남긴 말을 보면 어떤 심정이었는지 짐작할 수 있다.

"오렌지 하나라도 정성껏 따는 것이 나라를 위하는 것입니다."

진심과 노력 덕분에 2년 미만의 짧은 기간 동안 공립협회에는 600여 명의 회원이 모였다. 안창호의 리더십이 빛을 발했다.

미국에서 돌아온 후 비밀 결사 신민회를 만들어 민주공화국 건설을 내세웠던 안창호는 국권피탈 이후에는 상하이 임시정부의 내무 총장으로서 임시정부 통합에 앞장서기도 했다. 당시 임시정부는 무장 투쟁을 주장하는 이동휘와 외교론을 주장하는 이승만으로 나뉘어 있었다. 안창호는 중재하며 임시정부의 갈등을 해결하고자 했다. 국외의 좌우합작에도 애쓰는 등 지역이나 정치색에 얽매이지 않고 단결하기를 누구보다 바라고 노력했다. 지식을 채우고 실력을 키워 독립을 이루기를 바란 안창호의 간곡한 바람이 도산공원 곳곳에 남아 있었다.

"내가 이에 간절히 부탁하는 바는 이것이외다. 여러분은 힘을 기르소서. 힘을 기르소서 이 말이외다."

1932년 윤봉길 의거의 영향으로 안창호와 같은 임시정부 요인들이 많이 체포되었다. 이때부터 복역과 출옥을 반복하다가 급격히 병세가 심해진 1938년, 안창호는 광복을 보지 못하고 서거한다.

그가 남긴 많은 문장을 통해 안창호가 민족을 위해 끝없이 성찰한 시간을 조금이나마 느껴본다.

"책사도 학교다. 책은 교사다. 책사는 더 무서운 학교다. 책은 더 무서운 교사다."

이렇게 지척에 안창호 선생님을 두고서 보지 못했다니. 돌아오는 길 내내 느낌표들이 끊이지 않고 머리를 채운다. 그때 보이지 않던 것이 지금은 보인다. 10년 전 회사에 다니던 시절의 나는 역사에 관심도 없는 사람이었다. 당장 브랜드 입점과 판매 기획이 시급했고, 부장님과 과장님께 혼나지 않는 보고서를 만드는 것이 큰일이었다. 더 거슬러 올라가 역사를 배우던 학창 시절에도 단순히 연도나 사건을 외우는 과목이라고만 생각했다. 그랬던 내가 이제는 역사적 인물을 만나러 다니고 그들의 일생을 돌아보며 나를 성찰한다. 역사의 가치를 알게 됐다.

나의 모든 과거가 유의미한 편린인 것처럼 역사를 배운다는 것은 이 세상의 유의미함을 알아가는 과정이다. 세상을 더 넓게 바라보고 세상이 나에게 주는 쓰고 단소리를 듣는 과정이다. 집으로 다시 돌아오는 길. 나에게 주어진 값진 인생을 어떻게 꾸려가야 할지 다시 생각했다. **인생의 진리를 놓지 않고 나만의 정의를 내릴 줄 아는 사람이 되어야겠다는, 역사에 부끄럽지 않은 사람이 되어야겠다는 다짐과 함께.**

"진리는 반드시 따르는 자가 있고, 정의는 반드시 이루는 날이 있다."

2-7.

준비성 하면, 여운형

"엄마! 뭐 먹을 것 없어?"
"뭐 줄까? 젤리? 과자? 마실 거?"
아이들 한마디에 가방 깊숙이 손을 넣어 뒤적거린다. 두어 번 뒤적거렸더니 젤리가 나온다. 여행을 가는 날이면 내 가방은 짐이 가득 담겨 지퍼를 잠그지 못할 정도다. 그 사이 딸이 주스를 흘렸다. 얼른 가방 앞 지퍼를 열어 휴지를 찾는다. 휴지와 물티슈를 한 장씩 뽑아 뒤로 건넨다.

한참을 운전하던 남편이 졸려 보이면 얼른 호올스를 하나 까서 입에 넣어준다. 운전을 못 하는 나는 옆에서 이러한 보조라도 잘해야 한다.

차 안에서 지루해하는 아이들을 위해 온갖 종류의 간식과 비상 상황에 대비한 작은 구급통, 잠깐이라도 짬이 나면 읽고 싶어서 포기 못 하고 가져온 책, 추울 때를 대비한 아이들의 얇은 겉옷까지. 가끔 뭐가 있는지 헷갈릴 정도로 웬만한 물건은 다 집어넣고 다닌다. 요즘 여행 갈

때는 어디서 어떤 혜택을 받을지 몰라 가족관계증명서도 넣고 다닌다.

완벽한 계획형(J) 성격은 아니지만 아이들과 다닐 때 아이들에게 필요한 것은 다 갖추고 싶은 엄마 마음이다. 아이들이 무언가를 찾을 때 슈퍼맨처럼 다 해결해 주는 엄마가 되고 싶다. 내 몸에서 나오는 능력이 아니라 가방의 능력치이니 '슈퍼맨'이라기보다는 '도라에몽 가방'이 더 어울리긴 하겠다.

어떤 일이든지 준비가 되어있으면 두렵지 않다. 10년 넘게 역사와 논술 수업을 하고 있지만 수업 준비는 항상 필요하다. 아이마다, 학교마다 진도와 학습 정도가 다르기 때문에 진도 계획이 자주 바뀌는 편이다. 그에 맞춰 문제 편집도 다시 하고 추가 교재를 만든다. 논술 수업은 특히 자료가 많이 필요하다. 책에 대한 활동지도 필요하지만, 필요한 지식과 논리적인 글의 구조를 보여주기 위해 실제 신문을 활용해 교재를 만들면 좋다. 그날 수업할 자료를 충분하게 만들어 두고 머릿속에 학생 한명 한명에 대한 수업 계획을 숙지해 두면 출근길 발걸음이 가볍고 빠르다. 성장할 학생들 생각에 콧노래가 나온다. 하지만 일상에 치여 수업 준비가 부족한 날은 늘 하던 일이라도 허둥댄다. 허둥댐이 반복되면 출근길이 두렵다. 일하기 싫어 한숨이 나온다.

준비란 미래에 대한 마음가짐이다. 나에게 닥칠 일을 미리 생각하고 그에 맞춰 계획을 세우고 대비하는, 삶을 존중하는 태도다. 대충 살아도 되는 날은 없다. 비록 가시적 성과가 바로 두드러지게 나타나지 않는다 해도 그렇다. 기적을 만드는 건 하루하루의 일상이니까.

살면서 변했다. 잘하는 아이보다는 열심히 하는 아이에게 더 마음이 끌려 응원하게 되고 완벽함보다는 성실함에, 결과보다는 과정에 더 마음이 머물고 의미를 찾게 된다. 어떤 결과든지 과정이 의미가 있다면 그 자체로 존중받을 가치가 있다.

　우리나라의 광복도 그랬다. 1945년 8월 15일, 일제가 패망해 식민 통치기가 끝났고 우리는 독립국이 되었다. 광복된 순간 우리는 마냥 기쁠 수만은 없었다. 광복이 이루어진 직접적인 배경은 2차 세계대전에서 일본이 원자폭탄을 맞고 항복을 선언했기 때문이다. 그 당시 표면적으로는 우리가 쟁취한 독립이 아니었다는 뜻이다. 따라서 신탁통치를 받아야 한다는 등의 혼란이 생길 여지가 많았다. 하지만 식민지 시기, 아니 그 전부터 이어져 오던 우리의 독립 투쟁의 역사가 수면 위로 드러나 우리의 끈질긴 항쟁과 노력의 시간이 헛되지 않았음을 인정받는다. 비록 광복 직후 좌우 갈등으로 한반도의 혼란이 계속되어 온전히 독립을 축하하고 기뻐하지만은 못했지만, 광복이 우리 선조들의 묵묵한 발자국들의 결정체임을 부정할 수 없다.

　우리나라가 광복을 맞이하던 순간만을 기다리며 준비하던 많은 독립운동가가 있다. 그중에서도 광복의 순간을 본다면 여운형을 빼놓을 수 없다. 광복 직전 '조선 건국 동맹'이라는 단체를 이끌고 있던 여운형은 광복과 동시에 '조선 건국 준비 위원회'를 출범시킨다. 8월 15일 광복이 되던 날 바로 출범된 단체니 얼마나 발 빠르게 움직였는지 짐작할 수 있다.

　1945년 8월 15일 아침, 조선총독부의 정무총감은 여운형을 만나 일본이 곧 항복할 것이고 서울에 소련군이 진주하게 될 것이라고 전한다. 그 과정에서 난동이 일어나거나 조선과 일본인 간의 충돌이 일어날 수 있으니 질서를 유지할 수 있도록 해달라고 요청했다. 여운형이 교섭을 통해 이를 수락하면서 조선 건국 준비 위원회가 조직되어 전국의 치안 유지에 앞장서게 된다. 임시정부 요인들은 충칭에 있었기 때문에 해방이 되던 순간 조선 건국 준비 위원회와 같은 단체가 없었다면 국내는 큰 혼란이 야기되었을 수 있다.

당시 일본이 여운형을 만나 협상을 한 것은 그만큼 여운형이 신망받던 국내 중심인물이었기 때문이다. 여운형은 신한청년당을 이끌었던 적극적인 독립운동가이면서도 좌와 우를 포괄할 수 있는 포용력이 있는 인물이었다. 국제 정세에도 밝았기 때문에 일제의 패망을 예상하고 그에 맞는 준비를 하고 있었다. 여운형을 중심으로 한 조선 건국 준비 위원회는 8월 말까지 전국에 145개의 지부를 설립하고 새로운 국가 건설을 위한 노력을 이어갔다.

완벽할 수는 없었다. 조선 건국 준비 위원회 내부에서 사상을 두고 갈등이 있었다. 1947년 7월, 중도 좌파 여운형은 극우파 청년에게 피살당했고 미군정이 조선 건국 준비 위원회에서 수립한 조선 인민 공화국을 인정하지 않으면서 그 활동은 사실상 끝나게 된다. 비록 당시 정부 수립 성공으로 이어진 것은 아니지만 광복 당시 우리의 노력을 증명할 수 있는 중요한 역사적 활동이었음은 분명하다.

지난 5월, 코로나 이후 처음으로 해외여행을 다녀왔다. 훌쩍 커버린 아들, 딸과 떠나는 일본 여행. 여행을 부담스러워하는 나조차도 이번 여행은 무척이나 기대됐다. 몇 주 전부터 캐리어를 꺼내두고 생각날 때마다 틈틈이 짐을 챙겼다. 나는 주로 아이들의 옷가지와 비상약, 잡동사니를 챙긴다. 남편은 여행 일정을 담당한다. 계획형 남편은 엑셀 파일을 열어 일자별 계획을 짜기 시작했다. 간단히 짤 거라고 하던 남편은 어느새 열을 올리고 있다. 점점 모니터에 빨려 들어갈 기세다. 엑셀 칸 하나하나에 애정을 담아 분 단위로 일정을 넣기 시작했다. 거실을 오가던 아이들이 아빠의 노트북을 보고 뒷걸음질쳤다.

"아 아빠, 이거 너무 빡빡한 거 아니야? 우리 그냥 온천 가고 물놀이 하는 거 아니야?"

"맞아, 아빠! 호텔에서 좀 쉬고 룸서비스 시켜 먹고 그러자!"

아이들의 성화에 남편은 자신의 계획대로 모든 일정을 소화하지 못할 것을 이미 예감했다고 한다. 남편은 자신의 계획을 강행하는 사람은 아니다. 아쉬워할 뿐이다. 준비한 일정대로 소화하지는 못했지만, 남편의 철저한 준비 덕택에 낯선 곳, 쏟아지는 빗줄기 속에서 렌터카를 무사히 빌려 편안하게 다녔고, 라멘 맛집에서 넉넉한 서비스를 받으며 행복했으며, 가성비 좋은 숙소에서 편안하게 지낼 수 있었다. 실행하지 못해 덩그러니 계획표 속에 남아 있는 수많은 관광 명소를 보며 아쉬워하는 남편의 등은 아들이 쓸어내려 주었다.

나라의 광복도 우리의 여행도, 사소한 만남도 중요한 시험도 다 준비가 필요하다. **주어진 기회를 잡아 자신의 것으로 만들 수 있는 것은 그 시간을 기다리며 마음을 쓰고 준비한 노력 여하에 달려 있다. 비록 결과가 당장 또렷이 밝지 않더라도, 그 빛의 여운이 삶의 순간과 순간을 밝혀 주리라 믿는다.**

2-8.

치열했던 독립운동가들

약 5년 전의 일이다. 2020년부터 2021년까지, 화요일과 목요일은 학원 수업 시간을 앞당겨 6시 20분에 끝냈다. 가끔 수업이 끝나 가방 싸는 아이들보다 내가 먼저 나가 지하철을 놓치지 않기 위해 달렸다. 힘껏 달려 겨우 지하철을 타면 땀을 식히며 그날 대학원 수업 과제물을 살핀다. 발표 준비를 하느라 이번엔 마음이 분주하다. 열중해서 자료를 들여다보다 보면 어느새 답십리역이다. 답십리역에 내려 2번 출구로 향하는 길에는 맛있는 빵 냄새를 풍기는 제과점이 있어 늘 시선을 잠시 빼앗기지만 걸음을 재촉해 계단을 오른다. 두어 칸씩 계단을 올라가 출구 앞에 기다리고 있는 마을버스에 탑승하면 그제야 한숨 크게 돌린다.

그것도 잠시. 10분 남짓 걸려 학교 앞에 도착하면 또 달려야 한다. 내가 듣는 대학원 수업은 캠퍼스 가장 안쪽에 있는 인문학관 3층이다. 마지막 순간까지 달려야 수업 시작한 지 30분 안에 도착할 수 있다. 가끔 발표가 있는 날은 답십리역 앞에서 택시를 탔다. 택시를 타면 캠퍼스 안까지 한참 들어와 인문학관 뒷문에서 내릴 수 있으니, 시간이 절약되어 7시 수업에 맞춰 들어갈 수 있다.

하도 뛰어간 탓에 한겨울에도 연신 땀을 닦으며 앉아 있다. 늘 점심도 대강 때우는데 저녁까지 못 먹고 달려왔으니 허기짐이 밀려온다. 하지만 배고픈 것도 잊고 들을 만큼 대학원 수업은 유익했다. 수업 내용이 흥미로워 유익함은 물론이고, 그 공간에 앉아 역사학을 공부하고 있다는 것 자체가 행복했다. '어른 사람'이 된 것 같았다.

그때만 해도 첫째가 초등학생, 둘째가 유치원생이었다. 집에서도 학원에서도 아이들과 씨름하다가 집과 일터에서 멀리 떨어져 나와 인문학을 공부하고 있는 독립적 자아의 시점이란. 황홀할 수밖에 없다. 학문의 은혜가 알알이 머리 위로 흐드러지는 느낌이랄까?

가장 좋아한 수업은 「한국사의 재조명」과 「한국 대외 관계사 특강」 시간이었다. 「한국사의 재조명」은 기존의 교과서적 시각에서 벗어나서 다양한 논제에 대해 발표하고 토론하는 시간이었다. 수업은 지도교수의 방에서 진행되었다. 넓은 강의실을 두고 10명 남짓한 어른들이 교수님 방 테이블에 구겨지듯 앉아 수업을 들었다. 콩나물시루같이. 처음엔 코앞에 앉아서 발표하고 토론하는 것이 부담스러웠지만 시간이 지날수록 친밀함이 커지고 집중됐다. 코로나가 터지기 직전이라 가능했던 수업이다.

「한국 대외 관계사 특강」은 몇 가지 책을 기반으로 한 근대사의 주요 쟁점 토의 수업이라 흥미로웠다. 가장 관심을 두던 분야가 근대사였고 애초에 대학원 진학을 고려하게 된 시발점이 조선 개항에 대한 의문점이었기 때문에 한 주 한 주의 강의 시간이 소중했다. 열기 넘치는 발표를 이어가다 보면 시간 가는 줄 몰랐다.

그렇게 다른 세상 같던 대학원 수업에 흠뻑 취했다가 집으로 돌아오면 밤 10시 30분. 다시 돌아오는 길, 몸은 젖은 솜 같았지만, 머리는 참 개운했다.

지하철에서 내리면 또 달렸다. 나를 기다리며 잠을 안 자고 있을 딸아이와 지쳐있을 엄마를 생각하며 다시 달린다. 대학원을 가는 날은 엄마가 아이들을 더 오래 보고 계셔야 했다. 주말부부를 하던 시기라 평일엔 남편이 없었다. 온전히 엄마와 내가 함께 육아하던 시절. 화, 목 수업이 있는 날이면 엄마는 어쩔 수 없이 우리 집에서 10시 30분까지 나를 기다리셨다. 일을 찾아서 하시는 분이니, 그 시간이면 녹초가 되셨다. 그래도 딸의 행복과 성공을 바라며 그 시간을 기쁘게 기다려 주셨다.

집에 도착하면 딸이 반짝거리는 눈으로 잘 준비를 다 했다며 날 올려다본다.

"엄마, 공부 많이 했어? 좋아?"

엄마의 행복함을 확인하고 꿈나라로 가는 딸을 보면 미안함과 고마움이 밀려든다.

아이를 재우고 나와 그제야 음식을 좀 넘긴다. 아주 늦은 저녁을 먹으며 다시 책을 봤다. 방금 듣고 온 수업을 복기하며 다음 과제를 미리 준비하기도 했다. 밤이 지나면 또 내일의 현실이 기다리고 있을 테니 해방의 밤을 놓기 싫어 마음이 조급했다.

그 시기 교습소를 열었다. 주 3일만 일을 하던 강사 시절이라 대학원 진학을 결정했던 것인데 공교롭게도 괜찮은 자리가 있어 계획보다 조금 앞당겨 작은 학원을 개원하게 됐다. 결국 오전부터 학원 일로 바쁘다가 밤늦게는 대학원 공부하느라 정신없는 시간을 보내니 주말부부를 하던 2년 반이 훌쩍 지났다.

불행인지 다행인지 마지막 학기는 코로나가 터져 원격 수업을 했다.

비대면으로 바뀌니 가장 좋아하는 것은 딸이었다. 대학원 공간이 주는 해방감과 낭만은 아쉬웠지만, 엄마와 딸이 편하고 행복하니 그 또한 좋았다.

마지막 관문이었던 논문에 일 년 가까이 매달려 힘겹게 통과한 날, 논문 심사를 마치고 소감을 묻던 의례적인 교수님의 질문에 참았던 눈물이 터졌다. 생각보다 풀어내기 어려운 주제여서 고생을 많이 했다. 사실 논문은 선택이었다. 논문을 쓰지 않으면 한 과목 수강을 더 하면 될 일이었다. 마침 비대면이라 수업을 다닐 부담도 없던 시기임에도 불구하고 나는 논문을 선택했다. 담당 교수님도 쉽지 않을 거라고 하신 주제로 논문 쓰기를 시작했고, 예상대로 녹록지 않았다. 반년 넘게 매달려 쓰고 나니 마지막 순간이 눈물 날 정도로 달았나 보다.

요즘도 일과 육아로 힘에 부치는 날이면 2021년을 떠올린다. 주말부부를 하던 두 아이의 엄마이자 학원 원장으로서 학생 68명과 코로나를 넘겼다. 나 역시 코로나에 걸려 열이 나면서도 함께 격리된 아들과 딸을 보살피며 화면으로 학원 수업을 이어갔던 그 시절. 대학원 수업과 졸업논문까지 함께 해내던 그 시절을 떠올리며 '그것도 했는데' 한 번 내뱉고 나면 못 할 게 없다고 느껴진다. 치열하게 공부하고 일했던 시간이 지금의 나를 만들었다.

위인전 수업을 할 때면 치열하게 자신의 삶을 일궈간 수많은 역사 인물이 등장한다. 근대와 가까워질수록 일과 학업을 병행하며 독립운동까지 한 인물들이 속속 등장하는데, 위인전으로 아이들에게 꼭 추천하는 인물이 바로 유일한이다. 일제강점기 독립운동가이자 기업인 유일한.

유일한은 11살의 나이로 부모님 곁을 떠나 미국 유학을 간다. 당시 유일한과 함께 미국으로 떠났던 인물 중 박용만이라는 독립운동가가 있다. 박용만은 미주 지역에 무관학교를 설립하고 독립군 양성에 힘쓴 인물이다. 유일한 역시 학교 공부와 군사 훈련을 병행하며 유학 생활을 해나갔다. 어린 시절 무장 투쟁을 강조하던 박용만과 함께한 몇 년은 유일한에게 강인한 독립 의지를 고취시켜준 시간이 있었나 보다. 후에 유일한은 광복을 위한 군사 활동에도 큰 역할을 한다.

유일한은 고등학교 졸업 후 변전소에 취업하여 학비를 벌고 미시간 주립대학 상과에 입학한다. 대학에 다니면서도 학비를 위해 여러 가지 아르바이트를 지속하고 독립운동 역시 놓지 않았다. 1919년, 3.1운동의 영향을 받은 '한인 자유 대회'에 참여해 독립운동에 앞장선다.

자갈밭 같은 여정들이 당시에는 어려움이었겠지만 큰 자양분이 됐다. 돈을 벌기 위해 고민하던 시간 덕분에 유일한은 사업 감각을 키웠고 1922년 라초이 식품 회사를 설립했다. 이후 우리 민족이 제대로 된 약을 공급받지 못해 치료하지 못하는 것에 안타까움을 느끼고 의약품을 수입하며 1926년 유한양행을 설립한다. 광복 이후에도 기업의 사회적 가치를 위해 노력하고 자신 재산을 사회에 환원하며 끝까지 공익을 위한 가치를 놓지 않았다.

치열하게 자신의 가치를 끝까지 지킨 사람들. 묵묵히 자신에게 주어진 인생을 일구어간 선조들을 생각하며 자신의 존재를 빛낼 줄 아는 아이들로 성장할 수 있기를 바란다. 독립운동가라는 명사를 배우는 것으로 끝나지 않고 그들이 끊임없이 움직이며 노력하는 치열한 삶을 살았다는 것을 기억했으면 한다.

2-9.

같은 날 같은 장소에 같은 목표로 찾아간

전명운과 장인환

"자. 얘들아. 지금 중요한 장면을 소개할 거야. 약속하지도 않았는데 같은 날, 같은 장소에서 같은 목표를 가진 사람을 만난다면? 어떨 것 같아?"

조는 아이들을 깨우면서 목소리를 높인다. 근대사 수업을 할 때 가장 열을 올리는 부분, 「국권 피탈 과정과 우리의 저항」 수업이다. 을사늑약에 저항한 많은 인물이 등장하는 지점이라 가볍게 넘길 수 없다. 외교권을 일본에 빼앗기는 1905년 을사늑약과 1910년 국권피탈 사이, 우리는 일본의 침략을 막기 위한 의거 활동을 이어갔다. 선조들의 처절한 시간을 따라가다 보면 어느새 가슴에 뜨거운 것이 솟구친다. 그 중 혼신의 연기를 곁들여 가장 실감 나게 설명하는 부분이 바로 전명운과 장인환의 의거 활동이다. 내 열기가 느껴졌는지 아이들도 쌍꺼풀을 몇 겹 만들며 눈을 부릅뜨고 자세를 고쳐 잡는다.

전명운은 어릴 적 부모님을 일찍 여의고 형의 가게 일을 도우며 살았는데 1898년 종로에서 개최된 독립협회의 만민공동회를 참관하며 학업에 뜻을 품는다. 한성학교 졸업 후 미국으로 떠났다. 하와이 농장에서 일하며 마련한 학비를 가지고 샌프란시스코로 떠난 전명운. 샌프란시스코에서도 부두 노동, 행상과 배달 일까지 하며 돈을 모았다. 1904년 러일전쟁을 거치며 일본의 침략이 거세지자, 안창호가 샌프란시스코에 만든 민족 운동 단체 공립협회에 가입하여 국권 회복을 위해 힘쓴다.

장인환도 어릴 적 일찍 부모님을 잃고 숙부와 함께 살다가 하와이로 노동 이민을 떠났다. 1906년 샌프란시스코로 이주하여 철도, 농장, 식당 등에서 일하면서도 대동보국회에 가입하여 일제의 만행에 저항했다.

전명운과 장인환이 미국에 머물던 1908년, 대한제국의 외교 고문인 스티븐스가 휴가를 보내기 위해 귀국했다. 스티븐스는 일본이 한국을 보호국화하는 것은 마땅하며 한국은 극히 초보적인 기술을 가지고 있는 미개 국민이라는 연설을 했던 친일파 미국인이다. 미국에 도착한 1908년 3월 20일에도 스티븐스는 한국 대중이 일본의 한국 지배를 환영한다는 식의 성명서를 발표하였다. 소식을 듣고 격분한 샌프란시스코 교민들은 3월 21일 밤 8시, 모두 모여 공동회를 개최하였다. 스티븐스에게 강경하게 항의하자고 말이다. 다음날 대표단이 스티븐스를 방문해 항의했지만, 스티븐스는 이렇게 말했다.

"이완용 같은 충신이 있고 이토 히로부미 같은 통감이 있으니, 한국에 큰 행복이요. 동양에 다행이라."

스티븐스의 태도에 분노한 전명운과 장인환은 각각 거사를 계획한 것으로 보인다. 각각 따로. 공립협회와 대동보국회는 함께 회의하기도 했으나 각기 다른 단체였다. 전명운과 장인환은 본래도 잘 알지 못하는 사이였고 따로 긴밀히 만난 적도 없다. 따라서 함께 스티븐스를 저격할 계획을 세웠다는 근거 역시 남아 있지 않다.

1908년 3월 23일 오전, 전명운은 페리 부두에서 스티븐스를 기다린다. 스티븐스를 발견하고 총의 방아쇠를 당겼으나 총알이 발사되지 않았다. 울분에 찬 전명운은 스티븐스와 몸싸움을 벌이는데 저 멀리서 스티븐스를 향해 총알이 날아온다. 장인환이었다. 그 순간 장인환도 같은 목적을 가지고 같은 장소에 있었다. 장인환의 총에 맞은 스티븐스는 결국 며칠 후 사망하였다.

감격에 차 이야기를 끝내면 아이들은 성공한 거사를 축하하며 손뼉을 친다. 몇몇 아이들은 정말 둘이 함께 계획한 것이 아니냐며 반문하기도 한다.

잘 모르는 사람들이 같은 날 같은 장소에 같은 목적 숨기고 나와 마주칠 확률이 얼마나 될까? 그리고 결과적으로 우연히 만나 힘을 합쳐 자신들이 간절히 원하는 바를 이루어낼 확률은?

결국 체포된 두 사람. 같은 목표를 가지고 있다는 것을 알고 서로를 바라봤을 때 어떤 생각을 했을까. 장인환이 쏜 총알에 팔 부상을 당한 전명운은 치료받은 후 재판받았는데 공모 사실이 없어 무죄로 석방되었고, 장인환은 25년 형을 받는다. 장인환의 변호를 위해 고군분투한 교민들과 변호사들의 노력 덕분이었다. 이후 여러 차례 가석방 신청서를 넣은 결과 장인환은 구속된 지 약 10년 만에 석방된다.

삶의 많은 우연은 결국 자신이 만들어간 작은 움직임들의 결정체가 아닐까 싶다. 2024년 2월, 우연히 에세이 공저 작가 모집 글을 읽게 됐다. '우연히'라고 했지만, 그간 작가의 꿈을 품고 살아왔던 나는 신년 계획으로 '작가 되는 법' 또는 '작가 수업', '책 쓰기', '소설 쓰기' 등을 검색했고 그 결과 글빛백작 이현주 작가의 에세이 공저 모집 글을 마주하게 됐다. 학원 출근 후 수업 전까지 잠시 짬이 나는 시간이었다. 나른하던 이른 오후 시간, 정신이 번쩍 들어 바로 문자를 전송했다.

"현재 작가가 아니어도 참여할 수 있나요?"

안 된다고 할까 봐 조급한 마음에 얼른 나를 소개하는 문자를 연달아 전송했다.

"저는 작은 학원을 운영하고 있습니다. 국문학 학사와 역사 교육학 석사가 있습니다. 무엇보다 글을 읽고 쓰기를 좋아하며 어려서부터 동화 작가를 꿈꾸었던 사람입니다. 가능할까요?"

나의 다급함이 보였는지 작가님께서 전화를 주셨다.

"누구나 글 쓰는 일을 좋아하고 배우고 싶다면 참여할 수 있는 일이랍니다. 작가님, 함께 해요."

오후의 햇살처럼 따스한 목소리로 설명을 이어가신 이현주 작가님. 알고 보니 학력이나 경력 등은 전혀 자격조건이 아니었다. 글을 쓸 수 있는 사람이라고 조금이라도 어필을 하기 위해 구구절절 설명을 덧붙인 내 모습이 창피하다. 글과 사람을 사랑하고 배움을 원하는 사람이라면, 자신의 삶을 성찰할 줄 알고 누군가에게 힘을 주고 싶은 사람이라면 누구나 쓸 수 있다는 것을 그땐 몰랐다.

결국 에세이 공저팀에 들어갔고, 그날의 내 작은 선택은 작가로서의 첫 발걸음이 되었다. 작가가 되니 작가들과 소통할 수 있는 일이 가장 값지다. 기껏해야 가방과 책상 위만 오가던 필통 속 연필 같던 내 삶이 어느새 전국 곳곳에 수많은 작가와 연결이 되었다. 얼굴 한번 보지 못한 이들에게 깊은 연민을 느끼고, 글만 읽었을 뿐인데 어느새 팀원들을 사랑하게 되었다. 매일 4시에 일어나 러닝을 하는 동료를 통해 내 나약함을 자각하고 우리 작가들의 공저 일정을 체크하며 몸이 열 개라도 모자랄 것 같은 일정을 소화하는 코치 작가를 보며 나를 채찍질한다. 책을 읽고 성찰하는 사람들에게는 그들만의 따스하면서도 견고한 성이 느껴진다. 그들은 책을 읽고 자신을 읽고 타인을 읽는다. 자신을 이해하고 타인을 이해하고 세상을 이해한다.

처음 작가들과의 채팅방에 글을 쓸 때면 나도 모르게 긴장했다. 작가 방에는 늘 맑고 깨끗하며 따스한 언어만 둥둥 떠다녔으니, 나도 온도를 맞춰야 했다. 현실에서는 '힘들어 죽겠어! 왜 이렇게 바빠! 너 이거 똑바로 안 해!' 소리치다가도 작가 방에는 '힘든 만큼 성장하는 하루입니다.'라고 쓰는 나를 발견하면 이중인격 같아 흠칫 놀라기도 했다.

하지만 지금은 마음 깊은 곳부터 올라오는 진짜 미소가 자리 잡았다. 진짜 따스함과 진짜 긍정의 힘이 스며들어있다. 힘든 일이 생기면 이 일은 나에게 또 어떤 의미를 가져올지 생각하는 습관이 생겼고 내가 얼마나 더 성장할까 기대한다.

서울 송파에서 나고 자라 지금까지 이곳에 코를 박고 있는 내가 대전, 천안, 창원, 광주, 서천, 경기 전국 곳곳에 있는 동료들의 열정을 함께 먹고 조금씩 성장했다. **같은 목표를 가지고 동시대를 살아가는 사람들의 힘. 서로의 존재만으로도 위로가 되고 힘이 되어 우리의 목표는 더욱 단단해진다.**

Special interview

'내가 몰랐던 아들의 모습'

"저거 한번 읽어볼래? 갈등에 대한 주제로 예전 이야기를 썼는데 엄마 생각이 맞는지 궁금해."

다른 식구들이 모두 잠든 고요한 새벽은 늦게까지 숙제하는 아들과 글을 쓰는 내가 가끔 속 깊은 대화를 하는 시간이다. 아들이 방에서 나와 선뜻 식탁 노트북 앞에 앉았다. 아들에게 보여준 꼭지는 '1-5. 갈등과 전쟁이 이어졌던 고려'였다.

글을 읽던 아들은 잠시 미간에 주름을 잡으며 무언가 말하려는 듯했지만, 다행히 다시 평정심을 되찾고 읽어 내려갔다.

"아, 이날 생각하니까 다시 좀 화가 나려 해. 아니, 왜 옷을 마음대로 못 입게 하는 거야?"

"이날 엄마도 생각을 정말 많이 했어. 아이들도 화가 날 수 있는 한 인격체라는 걸 인정하고 그 감정을 다스릴 수 있도록 돕고 이끌어줘야지, 혼내고 다그치기만 해서는 안 된다는 걸 엄마도 그날 느꼈어. 옷 입는 걸 최대한 관여하지 말아야겠다는 생각도 했지."

생각에 잠긴 듯한 아들에게 이어서 물었다.

"넌 속이 상하거나 화가 나면 어떻게 풀어?"

"난 좀 걷고 싶어. 시원한 저녁때 노래 들으면서 걷는 게 좋아. 그래서 가끔 학원 끝나고 다른 길로 돌아오느라고 좀 늦기도 하잖아. 그리고 뭐, 축구하지. 축구하면 뭐 다 끝나지."

처음 알았다. 걷는 걸 싫어하는 아이라고만 생각했는데 답답한 마음에 바람을 쐬기도 한다니. 가장 짧은 길을 찾아다닐 줄 알았는데 일부러 돌아온다니. 역시 자식을 다 알기 어렵나 보다.

산책 한번 하자고 하면 기겁하며 고개를 절레절레 흔들던 아들이 혼자 하는 산책은 또 즐기고 있었다는 말에 서운하면서도 고맙고, 야속하면서도 기특했다. 아이들은 우리가 모르는 틈에도 스스로 자라고 있다. 걱정하는 것보다 훨씬 더 근사하게.

제3장

부모를 위한 사史심

3-1.

태종처럼 관용적인 부모도 괜찮아

"아 목도 좀 아프고. 몸살인가?"

혼잣말을 중얼거리고 있으면 어느새 아빠가 곁에 오셔서 창백한 내 얼굴을 살피며 말씀하신다. 아주 심각한 표정으로.

"괜찮아? 학교 갈 수 있겠어? 전화해 줄까?"

그럼, 고등학생이던 나는 소리를 빽 질렀다.

"아, 이런 걸로 학교 안 가는 애가 어딨어!"

살뜰히 걱정해 주시는 아빠께 괜히 성질을 부리고 나오곤 했다.

아빠는 '전화해 줄까?'라는 말씀을 자주 하셨다. 나중엔 우리 집의 개그 코드가 되기도 했던 말이다.

'아빠가 전화해 줄게.'

그땐 내가 어리고 잔병치레가 많아서 그러시는 줄 알았다. 그 시절의 기억은 많지 않지만 아프거나 힘들어하면 아빠는 늘 쉬어도 된다고 하셨다. 그땐 잘 알지 못했지만 아빠의 말씀은 큰 힘이 됐던 것 같다. 불안함이 많은 편이었던 어린 나는 '쉬어도 돼. 아빠가 전화해 줄게.' 한 마디에 마음이 편안해지고 근심이 사라졌다.

아빠가 그런 말씀을 하실 때마다 엄마는 '그래도 할 건 해야지'라고 응수하셨다. 기질적으로 주어진 길 밖으로 벗어나는 걸 좋아하지 않는 성향이었기 때문인지 엄마의 원칙 덕분인지, 아빠가 도움을 자청하실 때마다 괜찮다고 말씀드리곤 했다. 지금 와 떠올려보니 실제 아빠가 학교에 전화하신 적은 거의 없는 듯해 조금은 당황스럽다.

고등학생이 되어선 아빠께 자식을 그렇게 약하게 키우면 안 된다며 훈수를 두기도 했다. 공수부대 나온 아빠가 훈육을 모르셨을 분은 아닌데.

아빠는 달라지지 않으셨다. 직장에 다닐 때조차도 독감에 걸린 나에게 회사에 전화해 준다고 하셔서 열이 펄펄 나던 내가 기겁하고 벌떡 일어나 핸드폰을 사수하게 만드셨다.

지금도 여전하시다. 어른이 되어 결혼하고 아이도 있는 나에게, '아빠가 해줄까?'를 자주 장전하신다. 그런 아빠의 모습 때문에 내가 독립적이지 않은 '파파걸'로 비칠 것이 싫어 오히려 힘든 일이 있어도 아빠에게 말씀을 안 드리고 꾸역꾸역 버티기도 했다. 그래도 달라지는 것은 없다.

어느새 나는 자식에게 도움이 되고 해결사가 되어주는 것이 아빠의 행복임을 이해하는 나이가 됐다. 이제는 자기 효능감으로 행복해할 아빠를 생각하며 부탁을 드리기도 한다. 아빠의 행복과 나의 편안함이 맞물리는 적정한 지점을 찾는 노련한 딸이 됐다.

아빠는 이제 손주들에게 '힘들면, 할아버지가 얘기해줄까? 학원 좀 쉬어'를 자주 말씀하셔서 엄마께 핀잔을 듣는다.

지난주 수학 학원을 옮긴 아들이, 학원 수업 시간이 길어졌다며 투정을 부렸다.

"아, 지금까지 국어 공부했는데 바로 수학 학원 가야 된다. 가기 싫다."

아들이 아무 생각 없이 뱉은 말이었다. 조금 떨어진 곳에서 걷고 있던 나는 순간 큰일이다 싶어 아빠의 얼굴을 올려다봤다. 아니나 다를까, 아빠가 말씀하셨다.

"지금 국어 2시간 했는데, 수학 바로 간다고? 에이 그럼 좀 쉬어. 할아버지가 엄마한테 얘기해줄까?"

이런. 그럴 줄 알았어. 좌절했다. 분명 아들이 신나서 학원 안 간다고 하겠다 싶어서 순간 성질이 났다. 아빠에게 괜한 화살이 돌아가려던 찰나에 아들이 대답했다.

"아니야. 학원 옮긴 지 얼마 안 됐고, 오늘 새로운 진도 나가는 날이라 꼭 가야 해. 다녀올게요. 할아버지, 안녕!"

유유히 자전거를 타고 앞서가는 아들의 모습에 치밀던 화가 쑥 내려갔다. 아빠를 바라보니 아빠 역시 손자의 발언이 감격스러운지 그 뒷모습을 한참 바라보셨다.

사실 아빠는 마냥 순한 분만은 아니다. 한번 화가 나시면 그 강도가 엄청나다. 한다면 한다는 공수부대 출신으로서 무슨 일이 닥치든 해결해 내시는 불도저 같은 면도 가지고 계신다. 하지만 주변 사람들에게, 특히 가족들에게는 한없이 관용적이고 따뜻하신 분이다.

조선 왕 태종을 다룰 때면 아빠가 가끔 떠오른다. 따뜻함과 차가움을 동시에 가지고 있는 군주 '태종'과 그의 아들 '세종'에 대한 설명을 하다 보면 늘 내 옆에 든든히 자리하고 계시는 아빠의 모습이 겹친다.

대중에게 태종은 카리스마 있고 거친 남자로 대표되는 인물이지만 사실 이성계의 아들 중 유일하게 문과 과거에 급제한 인물로 문무를 겸비한 왕이다. 게다가 자식에게는 한없이 부드러운 아버지였다.

태종이 이러한 카리스마 있는 이미지를 갖게 된 데에는 많은 이들에게 칼을 휘둘러서일 텐데 이런 칼바람 역시 자식 사랑에서 비롯되었다고 해도 과언이 아닐 만큼 태종은 자식 사랑이 남달랐다.

1404년 태종이 나라를 다스리던 조선 초, 11살이었던 양녕대군이 세자로 책봉되었다. 하지만 1418년, 장남이었던 양녕대군은 방탕한 행실로 인해 결국 폐위된다.

아버지 태종은 양녕대군이 학문을 멀리하고 비행을 일삼아도 이해하려 했고 억지로 학문을 강요하지도 않았다. 세자 양녕대군의 경연(신하와 토론하는 제도)을 강조하는 신하들에게도 세자와의 관계가 나빠지는 것이 우려된다며 공부를 강요하지 않았다.

둘째 아들이었던 효령대군이 불교에 심취해도 아들의 취미에 간섭할 수 없다며 크게 관여하지 않았다. 유교의 나라 조선에서 말이다. 결국 새로운 세자를 택해야 하는 상황에 직면한 태종은 아들들의 성향과 기질을 정확히 파악해 올바른 결정을 내렸다. 훗날 세종이 되는 셋째 아들을 세자로 책봉했다. 평소 아들들을 살뜰히 살피고 관심을 보인 덕분이다. 둘째 아들이었던 효령대군이 선 순위였지만 불교에 심취해 있던 점과 술을 한 잔도 하지 못한다는 문제가 있었다. 술을 꼭 잘해야 하는 것은 아니지만 중국 사신을 맞이하는 자리 등 외교적인 행사에서 술을 한 잔도 못 하는 것은 군주로서 부족한 부분이 될 수 있다며 효령대군보다는 술을 마실 수 있던 충녕대군을 세자로 삼았다. 충녕대군이 책을 가까이하며 착실하고 부지런한 성품이라는 것도 당연히 중요한 고려 요인이 되었다. 그렇게 세자가 된 충녕대군이 바로 조선 최고의 성군, 세종이다.

충녕대군이 세자로 책봉된 지 약 두 달 후 태종은 바로 양위를 한다. 왕의 자리를 넘겨 준 것이다. 세종이라는 걸출한 군주를 탄생시킨 태종. 사실 왕조 국가에서 왕이 죽기 전에 왕위를 넘겨주는 사례는 많지 않다. 그만큼 왕이라는 자리, 권력은 자식과도 나눌 수 없는 것이었다. 그 왕좌를 책봉된 지 얼마 되지 않은 세자에게 넘겨주는 일은 웬만한 결단력과 확신이 아니면 할 수 없는 일이다. 아버지의 마음을 헤아렸던 걸까? 아버지의 믿음에 보답하려던 것인지 왕으로 즉위한 세종 역시 누구보다 어진 정치를 펼쳤다. 세종이 선정을 펼칠 수 있었던 요인 중 8할은 아버지 태종 덕분이지 않을까 싶다.

태종은 아들의 정치에 해가 될 수 있는 요소는 모두 제거했다. 권력을 넘볼 여지가 있는 인물들은 다 축출한다. 자기 처남이자, 세종의 삼촌이었던 민 씨 형제들은 물론, 세종의 장인인 심온 역시 제거되었다. 세종의 앞길에 걸림돌이 될 수 있는 사람이라면 누구든지 남겨두지 않았다.

처남을, 사돈을, 많은 친인척과 지인들을 죽인다는 것은 당연히 옳지 않은 행동이지만 조선이라는 시대적 배경을 생각한다면 보기 드문 일은 아니다. 왕의 권력을 나눠 가질 수 없다는 것은 태종이 가장 잘 알았을 터. 결국 **세종이 주변 사람들에게 휘둘리지 않고 온전히 정사에 몰두할 수 있게, 자신의 능력을 펼치고 선정을 펼 수 있게 태종이 악역을 자처한 것이 아닐까?**

3-2.

잔소리 대왕, 무서운 아빠 영조

앞서 1장에서 살펴본 예민 군주 영조의 모습을 조금 더 자세히 들여다보자. 영조는 교과서에서 탕평 정치로 유명한 왕이다. 압슬(무릎뼈를 으스러뜨리는 형벌)형, 낙(불로 지지는 형벌)형과 같은 엄한 형벌을 금지하고 암행어사를 파견하는 등 백성을 위한 선정을 펼쳤다. 지금 청계천의 모습도 영조 시대에 완성이 된다. 당시 한양은 홍수에 취약한 도시였다. 여러 산에서 내려온 물이 한강으로 원활하게 배수되지 못했기 때문에 비가 많이 오면 자주 홍수가 났다. 조선 초 태종 때 한양을 가로지르는 개천(청계천의 원형)을 만들기는 했지만, 그조차 넘치기 일쑤였다. 이에 영조는 준천 사업을 펼친다. 준천 사업을 하기 전 구체적인 방안 마련을 위해 주변에 거주하는 백성들의 의견을 모으며 소통하고 백성들의 이해를 구하는 모습이 실록 곳곳에 남아 있다.

아무리 훌륭한 군주라고 해도 아버지로서의 모습은 다를 수 있다. 영조 역시 마찬가지였다. 자식에게는 잔소리꾼이자 두려운 대상이었던 영조.

영조는 첫째 아들인 효장세자가 죽고 난 후 어렵게 얻은 아들이 자신을 이어갈 훌륭한 군주가 되어주기를 바랐다. 아들을 얼른 후계자로 키우고 싶어 교육을 서둘렀다.

  사도세자의 어린 시절 이야기에는 아버지 영조의 기대에 부응하려는 듯 비범한 군주로서 자질을 보여주는 대목들이 많다. 천자문에서 사치할 치侈라는 글자를 읽다가 본인이 입고 있던 화려한 옷과 구슬 장식의 모자를 벗어버리고 이후 무명옷을 즐겨 입었다는 이야기가 유명하고, 아버지 영조가 부르자 입안에 넣었던 밥을 즉시 뱉고 대답하면서 서둘러 일어났다는 일화 역시 사도세자의 남다름을 보여준다. 하지만 이러한 일화는 세자가 지나치게 엄격한 교육의 압박 속에서 자랐다는 것을 방증하기도 한다.

  영조와 아들 세자는 다른 기질을 가졌던 듯하다. 검소하고 책을 가까이하던 영조. 체면을 중시하며 예민하면서도 급한 성격이었던 영조와 달리 호방하고 느긋한 무인과 같은 기질을 보였던 세자.

  자신과 다른 아들을 영조는 쉬이 이해하지 못했고 점차 둘의 갈등이 커진다. 실록에는 영조가 자신과 달리 풍채가 좋은 세자에게 뒤뚱거린다며 못마땅하다는 듯 핀잔주는 모습까지 남아있다. 신하들 앞에서도 세자를 꾸짖고 비난하던 영조.

  1749년 영조의 명으로 세자의 대리청정이 시작되었지만, 이는 마치 영조의 시험대 같은 것이었다. 신하들 앞에서 세자의 결정에 대해 면박을 주기도 하는 등 영조는 세자를 신임하지 못했다. 결국 세자는 대부분의 정무를 영조에게 아뢴 후 처리해야 했다. 세자를 과도하게 꾸짖는 영조의 방식이 잘못되었으니, 과실이 있더라도 드러내지 말고, 가르쳐 고치도록 해야 한다고 진언하는 신하들의 기록까지 있다. 세자가 받았을 압박이 보통이 아니었으리라 짐작된다.

세자는 아버지 영조의 꾸지람을 들으면 두려워하고 위축된 모습을 보였고, 성년이 되어감에 따라 점차 거세게 반항한다. 영조의 비난과 꾸짖음에 세자는 죽겠다며 우물에 뛰어들기까지 했다. 세자는 아버지 영조를 만나러 나설 때면 극도의 스트레스를 받고 옷 입기를 거부하는 정신질환적 모습을 보였다. 결국 1762년 5월, 영조의 명령에 따라 사도세자는 뒤주에 갇혀 죽음을 맞이한다.

부모의 지나친 욕심과 제약은 아이를 위축시킨다. 아이를 있는 그대로, 다르면 다른 대로 인정해 주어야 한다. 자식과의 관계를 우선시하며 관용적이었던 태종과 자식에게 자기가 옳다고 여기는 방향을 강요하는 영조. 태종과 영조 중 꼭 어느 한쪽이 옳다고 말할 수는 없다. 아이에 따라, 상황에 따라 다를 수 있으니까. 하지만 **중요한 것은 자신과 다름을 인정하고 자식을 개별적 존재로 받아들이는 자세다. 그리고 믿고 기다려주는 마음이다.**

중학교 때 같은 반이었던 친구의 이야기다. 그 친구는 엄마를 많이 무서워했다. 어린 마음에, 친구가 묘사하는 엄마와의 상황이 너무 끔찍하게 느껴져 아직도 기억에 남는다.

"나 오늘 집에 가면 죽었다. 어제 학원 빠진 것 걸렸어. 집에 가면 이불 씌워놓고 밟거나 칼 들고 때릴걸? 차라리 확 그어버리고 말지."

지금은 친구의 말이 전부 사실이 아닐 수도 있겠다고 생각한다. 어느 세대나 사춘기 아이들은 과격한 표현을 쓰는 경향이 있으니까. 특히 또래들 사이에서는 말이다. 다만, 친구가 맞으면서 자랐던 것은 사실인 것 같다. 친구는 늘 엄마의 무력을 두려워하고 걱정했다. 놀라운 것은 그러면서도 크게 달라지지 않았다는 것이다. 무서워서 엄마를 피하거나, 속이는 방법만 늘어날 뿐이었다. 아이의 변화를 불러오는 것은 폭력이나 화가 아니다. 아이를 품어줄 수 있는 너른 마음과 포기하지 않는 관심과 애정이다.

우리 아들에게도 사춘기가 있었다. 중3이 된 지금도 종종 여진(본지진 뒤에 따르는)이 있긴 하지만 이만하면 잘 넘겼다고 생각한다. 평소 '잔소리'의 긍정적 효과보다는 부정적 효과에 더 공감하는 사람이었기에 잔소리를 많이 하고 키우지 않았다. 관용적인 엄마였다. 실수나 사소한 잘못에 대해 비교적 관대한 편이지만 잘못된 태도는 정확히 바로잡아야 한다고 생각했기 때문에 한 번씩은 제대로 혼을 냈다. 도덕적으로 잘못한 일, 예의 없는 행동에 대해서는 제대로 혼을 내야 강력한 기억으로 인해 옳고 그름에 대한 기준이 명확하게 설 수 있다고 생각했다.

초등학교 5학년 때까지는 이러한 훈육 방식이 잘 이루어졌다. 관용적인 엄마와 엄마를 친구처럼 대하며 잘 따르고 좋아하는 아이들. 아이들이 안정적으로 잘 자라고 있다고 생각하며 내 교육 방식에 대한 확신이 있었다. 선을 넘은 행동이나 예의 없는 행동을 했을 경우 크게 혼을 내면, 아들은 곧 반성하고 '엄마를 속상하게 해서 너무 미안해. 미안해서 눈물이 나'라고 이야기하곤 했다. 그러면 나는 아들을 안아주며 해피엔딩을 맞이했다.

하지만 아들이 6학년이 되면서 달라졌다. 아무리 큰 소리로 혼을 내도 반성하지 않았다. 더 분노에 찬 눈빛을 보낼 뿐 수그리지 않았다. 반성하지 않는 아이에게 더 큰소리쳤다. 내 언성이 높아질수록 아이는 자신의 가슴을 치며 더 괴로워했다. 무언가 잘못됐다고 생각했다. 굳게 믿던 신념들이 무너졌다. 내 최소한의 훈육조차도 지금, 이 아이에게는 괴로움이구나. 들리지 않는구나. 아이의 슬픔이 느껴졌다. 아무도 주지 않아도, 사춘기 아이는 혼자 슬픔과 분노를 만든다. 그럴 땐 묻지 말고, 혼내지 말고, 기다려줘야 한다. 자기도 모르니까. 왜 슬픈지 왜 화가 나는지 아이들도 모른다. 그냥 화가 난다.

많은 우리 세대 또는 더 윗세대 부모님들처럼, 나 역시 사춘기를 겪지 않고 무던하게 자란 사람이라 바로 깨닫지는 못했다. 꽉 막힌 어른처럼, 결핍이 없는 세대라서 그렇다고 아이들 탓만 했다. 화를 내는 아이를 이해할 수 없어 같이 화를 냈다. 화를 내버리고 나면 부모 역시 슬프고 괴롭다. 반복되면 마음의 상처와 서로를 향한 미움은 더 커진다. 끝없이 고민하다가 행동을 바꾸기로 하고 마음을 추슬렀다. 아이를 안아주는 것만이 지금 내가 해줄 수 있는 최선이자 최소한의 정답이라고 생각했다.

다음 날, 다시 시작된 언쟁에서 평소 같으면 더 크게 소리쳤을 내가, 잠시 멈추고 안아줬다. 벌겋게 타오르던 눈에 눈물을 가득 담고 있던 아들은 다행히 큰 덩치 그대로 나에게 안겼다. 그리고 씩씩대며 자기 안의 분노를 삭였다. 거실 소파 앞에서 큰아이를 안고 느꼈던 그날의 뜨거운 가시가 아직도 생생하다.

최소한의 훈육을 하던 내가, 그마저도 또 줄이다 보니 어느새 나의 권위는 좁쌀만 해진 느낌이다. **다만 다행인 건 그만큼 아이가 자랐다. 내가 줄인 자존심과 권위만큼 아이가 자라 나를 이해한다.** 엄마를 위해 본인이 알아서 선을 지킨다. 함께 장난치며 놀다가, 공부하기 싫다고 대들며 언성 높이다가도, 내가 힘든 날이나 괴로워하는 날에는 묵묵히 곁에 와 도와주고 스스로 컴퓨터를 끄고 책을 펴는 아이가 되어가고 있다. 육아에 정답은 없겠지만, 이해와 사랑, 포용만큼은 육아 전쟁에서 변하지 않는 스테디셀러가 아닐까 싶다.

3-3.

아빠처럼은 안 살고 싶었던 연산군

 학원 문을 열고 들어오는 한 학생의 표정이 심상치 않다. 눈은 벌겋게 충혈되었고, 표정은 굳어있다. 평소에 별로 말이 많지 않은 친구였기 때문에 무슨 일이 있구나 싶어 걱정스러웠다. 고개를 들이밀어 잔뜩 숙이고 있는 아이와 눈을 맞췄다. 무슨 일이냐는 질문에 아이가 기어들어 가는 목소리로 말했다.
 "아빠랑 싸웠어요"
 학원에서 아이들이 부모님과 '싸웠다'라는 표현을 쓰면 난 꼭 정정해 준다. 엄마, 아빠가 너희의 친구냐, 왜 싸웠다고 하냐, 꾸중을 들었다든가 혼났다는 게 맞지 않냐는 나의 단골 대사가 목구멍까지 올라왔지만, 그날은 아이의 얼굴이 워낙 심각해 내 눈치 없는 잔소리를 꾹 누른 채 대화를 이어갔다. 이유는 사소했다. 평소 아이의 소극적인 태도를 못마땅하게 생각하셨던 아빠가 회장 선거를 무조건 나가라고 하셨고 이 아이는 거부하다가 부자간에 언성이 높아진 것 같았다. 불현듯

아들 생각이 나서 아이가 더 짠하게 느껴졌다. 아이에게 이야기해 주었다. 사실 선생님도 아들에게 그랬다고. 회장 선거를 나가는 것은 너의 결정이 맞지만, 부모로서 엄마나 아빠는 너에게 도전하는 삶, 적극적인 자세를 알려주고 싶었던 것이니 이해해 주라고. 그리고 정말 괴롭고 하고 싶지 않은 일을 강요하신다면 감정적으로 맞서지 말고, 차분히 설명해 드리라고 말이다. 이야기를 마치고 수업하는 내내 아이의 표정이 어두웠다. 이후에도 종종 아이는 아빠와의 갈등에 관해 이야기했다. '아빠는 엄마와 나를 이해하지 못한다.' '엄마와 아빠가 싸우셨는데 이해할 수가 없다.' 아이의 마음에 내재한 아빠에 대한 미움과 불신을 치유해 주고 싶어 기존의 커리큘럼을 바꾸어서 가족관계, 부모님과의 관계 회복이 담긴 책을 많이 읽도록 했었다.

부모에 대해 부정적인 마음을 가진 아이들은 스스로 찔러 고통받는다.

조선 9대 왕 성종. 성종은 즉위 초부터 공신(훈구)들을 견제하기 위해 지방 양반(사림)들을 앉혀 친위 세력을 양성하려 했다. 하지만 훈구 세력의 견제라는 목적 달성과 별개로 사림세력은 성종의 발목을 잡기 시작했다. 사림 세력이란 그야말로 '이러시면 아니 되옵니다'로 대표되는 언관직 신하들이 많았기 때문이다.

태종이나 세조였다면 신하들의 의견을 묵살하며 자기주장을 했을 수도 있지만 모범생에 착실한 군주였던 성종은 하나하나 신하들의 의견을 듣고 그들과 논리적으로 맞서며 힘겹게 정치를 이어갔다. 이를 보고 자란 연산군은 '아빠처럼은 안 살아!' 같은 마음이었는지 즉위 초부터 젊은 언관들과 자주 의견 다툼을 보인다. 사림세력은 인사권부터 사생활까지 끊임없이 비판적인 태도를 보이며 기싸움을 이어갔다. 당시 기록을 보면 연산군이 안타깝게 보이기까지 한다.

"전하께서 신들의 말을 옳지 않다고 하셨으니 반드시 신들에게 죄가 있다고 여기실 터, 죄 있는 사람이 어찌 오래 자리를 차지하고 있겠습니까. 신들을 파직하소서."

타협할 수 없는 반대를 위한 반대가 많았던 언관들의 요구.

새로 뽑은 관리가 술을 많이 마시므로 적당하지 않다고 대간들이 반대하자 연산군이 이렇게 말했다는 이야기가 전한다.

"그럼 물만 마시는 사람으로 뽑을까?"

연산군은 자기 엄마를 폐하고 죽게 한 아빠에 대한 적개심이 있었던 듯하다. 그래서 더 아빠처럼은 안 살고 싶다는 반발로 더욱 신하들과 척지는 정사를 했을 수도 있겠다.

결국 연산군 4년 1498년 무오사화, 1504년 갑자사화가 연달아 터지며 연산군은 폭군의 길에 들어선다. 이후 술과 사냥에 빠지고 더욱 정사를 돌보지 않았다. 즉위 초반 보여줬던 어진 군주의 모습은 찾아볼 수 없었다. 분명 갑자사화 전까지는 선정을 베풀기도 하고 외교적으로 노련한 모습을 보이기도 했는데 말이다.

아버지 성종에 대한 적개심, 어머니를 죽게 만든 자들에 대한 분노. 그래서 더 집착하게 되는 왕좌의 힘. 그리고 그걸 비로소 쥐었다고 생각했을 때 보이는 허무함 속에서 엇나간 폭정과 향락. 연산군은 이 수많은 감정 속에서 온유한 마음을 갖기 어려웠던 것 아닐까.

"너도 부부싸움을 하기는 하냐?"

가끔 통화하는 친구가 묻는다. 내가 남편 이야기를 할 때면 꿀이 떨어지고, 남편 역시 너무나 다정한 것 같아 일반적이지 않다나. 그래서 재미없다며 새침하게 말하는 친구의 목소리.

실제로 우리는 거의 싸우지 않는다. 서로의 성격을 알기에 굳이 민감한 부분을 건드려 힘들게 하지 않으려는 마음이 크다. 그리고 무엇보다 부모가 싸우는 모습을 아이들에게 보여주고 싶지 않다.

결혼 초에는 사소하게 다투기도 했고 두어 번 언성을 높여 싸운 적도 있다. 싸운 이유는 대부분 양육에 대한 태도 차이였다. 첫째인 아들은 지금이야 대부분의 시간 동안 방문을 닫고 지내며 자기 시간을 사수하는 중학생이지만, 4학년 때까지만 해도 혼자 잠을 자려고 하지 않는 아이였다.

"엄마, 천장이 빙글빙글 도는 것 같고, 막 토가 나올 것 같아. 나 그냥 엄마, 아빠랑 같이 자면 안 돼? 혼자 자기 싫어."

여덟 살 때 시도해서 혼자 몇 번 자기도 했지만, 싫어하는 아이를 달래다 다시 같이 자기 시작했던 때다. 4학년이 되었으니 정말 혼자 자도록 하라는 남편의 압박에, 불안했지만 어쩔 수 없이 아이 혼자 재워 보려 했던 날 밤, 결국 아이의 애처로운 모습에 난 다시 달려가 아이를 안방으로 데리고 왔고, 남편은 잠도 혼자 못 자는 11살이 어디 있냐며 나무랐다. 아이에게 독립심을 키워주고, 혼자 잘 수 있도록 연습하는 것은 중요하지만 잠자는 것만큼은 때가 되면 언젠가 스스로 할 것이라는 생각이 있었다. 같이 자자고 해도 도망 다닐 그런 시기가 언젠가는 올 거라고. 불안함이 있는 아이라면 조금 더 안정감 있게 함께해 줘도 되지 않을까. 세상의 기준에 맞춰서 학령기가 되었다고 꼭 괴로워하는 아이를 떨어뜨려 놓아야 할까 싶었다. 무엇이 옳은지에 대한 확신이 서지 않아 고민이 많던 때였기에 남편의 불평과 면박에 폭발하고 말았다.

"내 아들한테 뭐라고 하지 마!"

버럭 소리를 질렀다. 남편에게 그렇게 소리쳐본 것은 처음이자 마지막이었다. 결국 남편 역시 화를 냈고 그 뒤로 냉전 상태가 며칠 지

속됐다.

 싸울 때면 난 아이들에게 티를 내지 않으려고 말 그대로 고군분투한다. 참았다가 아이가 자는 밤에 이야기하기도 하고, 아이가 눈치채지 못하게 연기를 하기도 한다. 남편은 연기를 잘 못 한다. 화를 냈다가 아이 앞에서 어떻게 바로 얼굴이 바뀌냐고, 내가 더 이상하단다. 아이 앞에서도 기분이 가라앉아있고 어두운 얼굴을 감추지 못하는 남편이 미워서 더 싸우기도 했다. 이제는 그것도 이해한다. '이런 순수한 사람을 보았나!' 긍정 회로를 돌리면서.

 부모의 말다툼은 자녀에게 고통이다. 불안감이 많은 아이라면 더욱 그렇다. 엄마랑 아빠가 헤어질지도 모른다는 불안과 걱정에 잠 못 이루고, '나 때문은 아닐까? 내가 없으면 엄마와 아빠가 싸울 일도 없을 텐데' 생각에 자책하기도 한다.

 부모를 부정하지 않도록, 아이들이 불안해하지 않도록 아이들에게 믿음직한 부모가 되어주면 좋겠다. 서로 사랑하는 부모의 모습을 보여줄 수 있도록 노력해야겠다고 다짐하며, 오늘도 사랑을 담아 남편을 바라본다.

 참. 다행히 아들은 이후 당연하게 혼자 자는 시간을 받아들였고, 중학생이 된 지금은 방문까지 꼭 닫고 잔다. 가끔 같이 자자고 매달려도 매몰차게 방으로 들어가 버리는 아들이 됐다. 부모의 고민과 갈등은 필요 이상일 경우가 많은 것 같다.

3-4.

우리집에 정약용이 산다.

순지야! 식탁 위에 고구마 썰어놨어. 꼭 우유랑 같이 먹어라. 가스레인지 위에 국 데워먹고 가스 조심하고 밥 부족하면 냉장고에 찰밥 데워먹으렴?
냉장고에 약식도 있다.
베란다에 귤이랑 갖다 먹고.
피아노도 하루에 한 번씩은 쳐야지. 최소한 한 시간씩은 꼭!
저녁에 만나면 뿌듯함을 느끼는 하루가 될 수 있게 하자꾸나. 사랑해. 엄마가.

사랑하는 내 딸아!
중학생이 된 첫날이구나.
오늘은 엄마가 있어서 맞아줄 수 있을 줄 알았는데 또 나가게 되어 몹시 미안하구나.

오늘은 어땠니? 짝꿍은 누구니? 몇 번째 앉았니? 도시락은 맛이 있었니?
순지야 정말 오늘은 순지가 보고 싶다....

이삿짐을 정리하다가 발견한 편지 더미. 파일 한 권이 다 엄마와 아빠의 쪽지였다. 초등학교 5학년 무렵부터 중학교 1학년까지. 엄마와 아빠는 매일 쪽지를 써 두셨다. 지금도 늘 숨 가쁘게 다니시는 엄마가, 그땐 더 여유가 없으셨을 텐데 꼭 몇 자라도 남겨두고 나가셨다.

초등학교 저학년 때까지는 집안 형편이 넉넉해 집에 오면 엄마가 늘 넘치는 간식을 해두고 기다리고 계셨다. 수영, 스케이트, 웅변, 서예, 피아노 등 온갖 학원에 다니며 부족한 것 없이 컸다. 하지만 초등학교 5학년을 지나며 형편이 급격히 어려워졌고, 집안을 살뜰히 가꾸고 계셨던 엄마까지도 생활전선에 뛰어들게 됐다. 그때부터는 집에 오면 반겨주는 엄마 없이, 혼자 많은 부분을 해결해야 했다. 춥고 외롭던 그 시절 하교 후 늘 기다리고 있던 건 엄마와 아빠의 까만 글씨였다. 집에 들어오면 책가방도 벗지 않은 채 쪽지를 들고 엄마와 아빠의 마음을 느끼며 허전함을 채웠다.

짐 더미 사이 혼자 쭈그려 앉아 시간 가는 줄 모르고 그 시절 쪽지를 읽다 보니 반복되는 엄마의 '고구마 타령'에 웃음이 터지다가 급하게 흘려 쓴 엄마의 글씨에 마음이 저려 웃다 울기를 반복한다. 엄마의 간식 이야기가 대부분인 쪽지 속에서 드문드문 아빠가 쓴 장문의 편지를 만나면 심장이 녹는다.

현실적인 엄마와 감성적인 아빠. 아빠는 낭만적인 분이다. 그 와중에 시도 한 편 남기시고, 유머도 남기시며 웃음을 주셨다. 어려워진 상황 속에서, 작은 집으로 이사와 홀로 하교해 어두운 집의 불을 켜고 그

쪽지를 마주할 딸의 얼굴을 떠올리며 편지를 쓰셨을 부모님의 마음이, 마흔이 되어 내 아이를 키우고 있는 지금에서야 더 절절히 느껴진다. 혹한기 같던 시절, 얼마나 쓰린 마음으로 쪽지를 쓰고 나가셨을까.

엄마와 아빠의 편지를 살펴보다가 조선 시대 실학자 정약용이 떠올랐다. 정약용은 18년간 유배 생활을 했던 것으로 유명하다. 고향에 아내와 자식을 남겨두고 홀로 강진에서 보낸 시간 동안 복숭아뼈에 구멍이 날 정도로 글쓰기에 몰두해 500여 권의 방대한 성과를 냈다. 그 시절 정약용이 고향에 보낸 편지에는 자식을 사랑하는 애틋한 아버지의 마음이 그대로 드러나 있다. '학연아, 학유야'로 시작하는 수많은 편지는 오늘날 나에게 하는 잔소리 같고, 어린 시절 엄마와 아빠가 내게 남기신 편지 같다.

정약용의 편지에는 자식들에게 꼭 필요한 소소한 가르침이 다 담겨 있었다. 책을 읽을 때 어떤 자세로 읽어야 하는지 친척들에게 어떻게 대해야 하는지 알려주기도 하고 농사를 지을 것을 종용하며 채소나 과일의 재배법 등 실용적인 가르침을 주기도 한다. **친구 사귀는 법, 술 마시는 법 등 삶의 작은 부분까지도 세심하게 알려주고 싶은 아버지의 마음이 그득하다.**

가장이 유배지에 묶여 있으니 정약용 집안 형편이 어땠을지 짐작이 간다. 더군다나 정씨 집안이 천주교 문제로 큰 화를 입었으니 도움을 청할 곳도 없었을 것이다. 정약용은 가난에서 벗어나 잘 살 수 있도록 정신적인 부적 두 글자를 유산으로 주겠다면서 '부지런할 근勤'과 '검소할 검儉'이라는 두 글자를 전했다. 두 글자를 마음에 새겨 두라는 아버지 정약용의 마음이 고스란히 전해진다.

몰락하는 집안 가난한 환경 속에서, 독서의 끈을 놓지 말라, 근검을 되새기며 정성을 다해 살라, 서울과 가까이 있어야 도태되지 않는다는 간절한 아버지 정약용의 글에 학창 시절의 엄마, 아빠 편지가 겹친다. 부모님은 나를 외갓집에 두고 경기도로 이사가셨다. 딸이라도 서울에서 계속 학업을 이어가기를 바라는 마음이셨으리라. 중학생 딸을 떼어 두고 장사를 해야 했던 그때 엄마의 마음을 가늠해 보니 엄마가 된 지금 내 마음도 생생하게 아프다.

지금은 환갑이 한참 넘으신 엄마의 얼굴을 떠올려 온전히 마음에 담는다. 엄마는 지금까지도 미안해하신다. 아픈 허리로 손자와 손녀를 10년 넘게 정성스럽게 키워내셨는데도, 생활비로 드렸던 돈조차 아이들의 통장에 다시 다 넣어주셔야 직성이 풀리시는 엄마는 여전히 더 주지 못해 미안해하신다.

퇴근하고 집에 오면 달려 나오는 딸과 먼저 인사하고 곧장 엄마의 얼굴을 살핀다. 오늘은 또 얼마나 힘들게 일하고 계셨던 걸까. 번들번들한 이마엔 땀이 맺혀있고, 통증을 참고 있는 듯 엉거주춤하게 허리를 굽히신 채 나를 반기는 엄마의 모습이 눈에 들어온다. 속상하고 답답한 마음을 누르고 아무렇지 않게 말을 건넨다.

"엄마, 오늘도 힘들었나 보네"

마음속 수많은 감정을 담은 한마디라는 걸 엄마는 아실까? 왜 맨날 그렇게 힘들게 일해, 그렇게까지 힘들지 않을 수 있는데, 왜 일을 찾아서 하는 거야… 입에 올리고 싶은 말이 많지만, 하지 못한다. 손주들을 위하는 엄마의 마음이 어떤지 아니까. 나의 애타는 마음이 거칠게 표현되어 혹시라도 나이 드신 엄마에게 상처가 될까 봐 말을 줄인다.

토마토는 늘 데쳐서 갈아 두신다. 어느 때고 우리가 손쉽게 마실 수 있도록. 야채를 안 먹는 아이들을 위해 당근, 호박, 양파, 양배추도 떨어지지 않게 채 썰어두시거나 다져두신다. 나는 때에 맞춰서 활용하면 되니 편하다. 요즘은 비트와 사과를 함께 갈아서 담아두시기도 하고 단호박을 삶아두거나 아예 죽으로 만들어두시기도 한다. 야채 손질도 대충 하시는 분이 아니기 때문에 그날 냉장고에 안착해 있는 정갈한 결과물들을 보면, 엄마가 얼마나 고단하게 일을 하셨는지 조금이나마 가늠이 된다.

엄마가 가장 좋아하시고 건강에 좋다고 강조하시는 고구마는 잘 쪄진 상태로 통에 담겨 있다. 퇴근 후 아이들에게 "고구마 줄까?" 물으면 아이들이 질렸다는 듯이 고개를 젓는다.

아이들이 하교 후 과자나 아이스크림을 먹고 싶다고 칭얼거려도 엄마는 고구마부터 먹이신다. 불만이 언제 터져 나올까 조마조마한 마음으로 왔다가 갔다 입에 고구마를 넣어주시는 엄마의 모습이 안 봐도 그려진다. 먹으라고 가져다 두면 안 먹으니 왔다 갔다 하시며 돌아다니는 아이들의 입에 넣어주시는 거다. 그래야 아이들의 다른 군것질의 양을 줄일 수 있다는, 엄마만의 비법이다. 다만, 아이들의 눈치를 살피며 조심스럽게 넣어야 한다. 조금 무리해서 많이 또는 자주 주었다가는 아이들의 거부반응이 나올 테니까. 아이들은 할머니 하면 '고구마'가 제일 먼저 떠오른단다.

"엄마! 오늘 할머니가 피자 해주셨어!"

늘 야채와 건강식을 강조하시는 엄마지만 가끔은 아이들 기분 맞춰주시려 피자나 떡볶이도 해주시고 라면도 끓여주신다. 그런 날이면 아이들은 굉장한 일이라며 호들갑을 떤다. 다만 일반적인 피자나 떡볶이가 아니다. 데친 토마토를 잔뜩 갈아 넣은 피자와 떡볶이다. 멸치국물을 진하게 우려낸 멸치 라면이다. 오 마이 갓. 내가 살림을 온전히 맡고 있었다면 아이들에게 저렇게 해줄 수 있을까? 대답을 못 하겠다.

21세기 우리 집에 정약용이 산다.

3-5.

이혜련을 그리워한 안창호

"아빠랑 헤어지기 싫어!"

울산에서 서울로 올라오는 SRT 열차 안, 애처로운 남편의 얼굴과 눈물범벅인 딸의 얼굴이 열차 창문 하나를 사이에 두고 긴장감을 자아낸다. 흡사 영화 속 한 장면 같다. 4살 딸아이가 곰 인형을 안고 아빠도 타라고 서럽게 울고 있다.

"소연아, 금방 주말이야. 아빠 곧 갈 거야. 주말에 또 신나게 놀자!"

창문 너머에서 자신도 울 것 같은 얼굴로 남편이 딸을 달랜다. 겨울 여행을 겸하여 남편 집을 구경하기 위해 울산으로 떠나 4박 5일을 붙어 있다가 다시 서울로 돌아오는 열차 안이었다.

2017년부터 2019년, 남편 회사 발령으로 인해 3년 가까이 주말부부로 지냈다. 발령받던 당시 서른이 막 넘은 나는 남편에게 많이 의지하던 초보 엄마이자 어린 아내였고 아들은 8살, 딸은 3살이었다. 아직 모두가 서로를 간절히 필요로 하던 때였다.

　남편이 발령받던 날을 잊을 수 없다. 남편과 나는 입사 동기로 같은 회사에 다녔다. 나도 경험해 왔기에 남편이 언제든 어디로든 발령이 날 수 있다는 것쯤은 알고 있었다. 그래서 발령 시즌인 7월이나 12월이 되면 늘 조마조마한 마음과 약간의 설렘이 공존했다.

　2017년 7월, 딸과 거실에서 블록을 잔뜩 펼쳐놓고 기차놀이를 만들고 있는데 휴대폰 진동이 울렸다. 남편이다. 평소 남편과 나는 자주 연락하지 않는 편이다. 각자 일정이 바쁘니, 저녁때 집에서 얘기하면 된다고 생각한다. 하루이틀 사이에 발령이 날 거라고 예상하던 시기였기에 그날 낮에 울린 전화에 등골이 오싹할 수밖에 없었다. 올 것이 온 것이라 직감하고 바로 전화받았다.

　"어떡하냐. 울산 가야 돼. 발령 났어."

　남편의 무거운 목소리를 떠올리면 지금도 울컥한다. 자신도 속상하고 당황했을 남편은 나에게 미안하다고 했다. 전혀 잘못이랄 게 없는 일임에도 말이다. 가장의 무게는 또 다른가 보다. 그냥 '갑자기 내리는 비' 같은 일이었다. 어떤 상황인지 알고 있었기에 그게 무슨 미안할 일이냐고 대책을 찾아보자고, 저녁때 이야기하자며 전화를 끊었다.

　해맑게 웃던 딸의 뽀얀 얼굴과 널브러진 블록 조각들을 보니 앞길이 막막했다. 그리고 그날 저녁, 우리는 결혼 후 가장 무거운 밤을 보냈다. 발령 공지 이후 출근 시작까지 얼마의 시간이 주어지긴 하지만 하루이틀 안에 거취를 결정해야 했다. 따라가야 할지, 떨어져 살아야 할지를 정해야 어디에 집을 구할지도 정할 수 있었다.

　지금이야 3년 안에 끝난 일이라고 웃으며 이야기하지만, 당시엔 언제 다시 발령이 날지 확실히 모르는 막연한 상황이었다. 결혼 초, 가족이 따로 사는 것은 안 된다고 혹시라도 발령이 나면 다 같이 이사 가야 한다고 이야기하던 우리는 현실을 마주했다. 막 입학한 아들을 전학시키고 싶지 않았고, 안정기에 접어들던 내 학원 일을 접을 수도 없는 노릇이었다.

결국 남편만 울산에 방을 얻었고 그렇게 주말 부부 생활이 시작되었다. 주변 엄마들은 전생에 나라를 구해야만 할 수 있는 주말부부를 하게 됐다며 위로 아닌 위로를 했지만 들리지 않았다. 우리 부부는 눈물을 머금고 헤어졌다. 신파도 그런 신파가 없을 거다. 그리고 남편은 그로부터 정말 단 한주도 빠짐없이 매주 주말마다 나와 아이들을 보러 왔다.

발령 당시에는 너무 어려서 현실을 인지하지 못했던 딸은 훌쩍훌쩍 커가면서 아빠를 찾았다. 아이들은 아빠가 오는 주말을 손꼽아 기다렸고, 남편은 금요일 밤에 서울로 출발해 토, 일요일을 온전히 우리와 보내고 월요일 새벽에 바로 출근했다. 떨어져 있다 만나서인지 아이들에게 더없이 잘해주었다.

끝이 없을 것 같던 헤어짐의 시간도 끝나고 다시 완전체가 되었을 때, 우리는 더 단단해졌다. 헤어져 있던 시간, 내가 걱정할 일을 만들지 않겠다고 술자리도 자제하고 혼자 치막(치킨과 막걸리)을 즐기던 남편은 누구보다 성실하게 혼자의 시간을 잘 견뎌주었다. 나 역시 남편 없는 평일 저녁, 아이들을 지키고 대학원 공부를 하며 헛되게 쓰지 않았다. 아빠의 소중함을 느끼며 자라게 된 아이들까지. 우리에게 꽤 괜찮은 시간이었다며 지금은 웃으며 그때를 추억한다.

그리움의 힘. 각자의 자리에서 서로를 향한 믿음을 원동력 삼으며 자신의 사명을 감당하던 부부가 떠오른다. 독립운동가 중 가장 좋아하는 사람이 있냐고 질문받을 때면 늘 대답하던 안창호와 그 아내다. 교육가로서도 독립운동가로서도 훌륭한 인물이었던 도산 안창호와 이혜련 부부. 앞서 안창호의 독립운동가로서의 행적을 살펴보았다. 안창호는 나라를 위한 자신의 사명을 감당하면서도 부인 이혜련 여사를 위한 사랑을 놓지 않았다.

정신 여학교에서 신학문을 배우며 성장한 이혜련은 1902년 안창호와 결혼하고 미국으로 이주한다. 미국에서 남편 안창호를 도와 공립협회를 결성하며 독립운동에 앞장서던 그녀는 생계를 이어가기 위해 가사 도우미부터 바느질, 조리사, 세탁 노동자 등 험한 일을 마다하지 않았다. 1905년 장남 안필립을 출산하면서도 남편의 독립운동 지원을 이어간다. 1907년 안창호가 신민회 활동을 위해 미국을 떠나 고향으로 갈 때 이혜련이 남편에게 이렇게 말했다고 한다. 남편과 나라를 위한 그녀의 넓은 마음을 헤아릴 수 있다.

"당신은 애국자요, 영걸의 인물로서 국가에 속한 사람이니, 국가와 민족을 위해 일할 수 있는 대로 마음 놓고 활동하시오."

이런 부인의 마음을 당연시하지 않고 감사하게 받아들였던 안창호 역시 호인이다. 안창호가 1926년 미국을 떠나며 남긴 송별사에는 이혜련을 향한 애틋한 마음이 담겨 있다.

"내가 지금까지 아내에게 치마 하나, 저고리 한 감 사준 일이 없고 필립에게도 공책 한 권, 연필 한 자루 못 사주었다. 그러한 성의가 없었던 것은 아니나 여러 가지 사정으로 그랬는데, 여간 죄스럽지 않다."

미국을 떠난 안창호는 1932년 윤봉길 의거가 있던 날 상하이에서 체포되어 경성으로 압송된다. 이후 옥고를 치르고 나와서도 독립운동을 이어가던 안창호는 1937년 다시 체포되었고, 1938년 고문 후유증으로 사망한다.

남편의 사망 이후에도 이혜련은 대한 여자 애국단 등을 이끌며 미국에서 독립운동을 이어갔다. 아버지의 올곧음과 어머니의 희생을 보고 자란 아이들. 장남 안필립은 아시아계 최초 영화배우로 이름을 떨쳤고, 딸 안수산은 미 해군에 입대한 최초의 한인 여성이 되었다.

안창호는 아내와 아이들에게 많은 편지를 남겼는데 상하이에서 미국에 있던 이혜련에게 남긴 편지글 하나를 가져와 보았다.

"오 혜련. 나를 충심으로 사랑하는 혜련. 나를 얼마나 기다립니까? 나는 당신을 보고 싶은 생각이 더욱 간절하옵니다. 내 얼굴에 주름은 조금씩 늘고 머리에 흰털은 날로 더 많아집니다. (중략) 속히 만날 마음도 간절하고 다시 만나서는 부부의 도를 극진히 하여 보겠다는 생각도 많습니다만 나의 몸은 이미 우리 국가와 민족에게 바치었으니 이 몸은 민족을 위하여 쓸 수밖에 없는 몸이라 당신에 대한 직분을 마음대로 못 하옵니다."

독립운동했던 안창호 부부에 비하겠냐 만은 사랑하고 아끼는 마음만큼은 우리 부부도 지지 않는다. 소낙비와 같은 헤어짐의 시간을 보내고 더욱 현명하고 성숙해졌다. 몸이 떨어지면 마음도 떨어질 거라고 주말 부부는 절대 안 된다고 했던 신혼부부 때의 귀여운 다짐이 틀렸다는 것도 알았다. **독이 될 것 같았던 그 시간은 오히려 서로에게 더 큰 신뢰를 주고 소중함을 일깨워준 단비 같은 시간이었다.** 애틋한 안창호의 편지와 함께 남편을 떠올리니 오늘따라 남편이 그립다. 시시콜콜한 전화라도 한번 해봐야겠다.

3-6.

방정환 못지않은 우리 삼촌

"오랜만에 저녁 같이하니까 참 좋네. 맛있게 잘 먹었다."
"아버님, 잘 먹었습니다. 저희가 치울게요."

우리 대화가 끝나기 무섭게 방으로 먼저 들어가 있던 동생이 후다닥 튀어나와 식탁 정리를 돕는다. 방문을 닫고 있었던 것 같은데 어떻게 식사가 끝난 것을 알아챈 걸까.

가족 식사를 할 때면 어른들의 이야기는 길어지기 마련이다. 그럴 때면 동생은 밥을 먼저 먹고 들어간다. 본인이 빨리 식사를 끝내기 때문도 있지만 조카들을 챙기기 위함이 크다. 후딱 밥을 먹어치우고 들어가 놀고 있는 우리 아이들을 돌본다. 첫째와는 함께 컴퓨터 게임을 하거나 축구 영상을 보고, 둘째와는 온몸으로 놀아준다.

"엄마, 삼촌이 게임 만들었는데 같이 해보자! 이 공을 튕겨서 저 컵에 들어가게 하면 돼!"

잔뜩 신이나 숨을 헉헉거리는 딸의 뺨이 발그레하다. 아들은 삼촌

방이 자기 방인 것처럼 벌러덩 누워서 휴대 전화를 보고 있다. 어차피 휴대 전화를 볼 거면 좁은 방에 있지 말고 나오라고 해도 굳이 삼촌 방에 있겠단다.

아이들과 어쩜 그렇게 재미나게 놀아줄 수 있는지 매번 감탄한다. 한때는 진지하게 권유했다. 유아체육 쪽으로 나가보면 어떻겠냐고. 동생은 늘 조카들을 위해 새로운 놀이를 늘 개발했다. 과녁을 만들어 끈끈이를 던지기도 하고 테이블에 공을 튕겨서 컵에 넣기, 공포 게임, VR 쓰고 놀이기구 체험… 웬만한 키즈카페 저리 가라 다양하게 놀아주니 엄마 껌딱지인 딸이 삼촌 앞에서만 달라진다. 아들도 마찬가지다. 사춘기 호르몬이 삼촌에게만 예외인가 보다. 인상을 쓰고 있다가도 삼촌이 왔다고 하면 얼굴빛이 환하게 바뀌며 벌떡 일어난다. 삼촌이 사춘기도 이긴다.

동생은 어려서부터 다정하며 친절했고 순하며 여렸다. 나와 7년 차이가 나 내가 초등학교 1학년이 된 해에 태어났다. 동생이 생기면 질투하고 예민해진다고들 하는데, 전혀 아니었다. 누가 다른 집 동생들을 예쁘다고 하면 '내 동생이 더 예쁜데' 싶어 끓어올랐던 질투심만은 생생하다. 동생이 태어났다는 사실 자체가 너무나 경이롭고 행복했다. 거실에서 놀다가도 작은 방으로 자주 달려가 문을 열고, 엄마 품에 안긴 동생의 평온한 얼굴을 들여다보고야 마음을 놓고 다시 놀았다. 나도 어렸던 초등학생 시절, 동생을 포대기에 싸 등에 업고 아파트 복도를 돌아다니면, 몽실언니가 따로 없다며 옆집 아주머니들이 한마디씩 하셨다.

현실 남매는 늘 아웅다웅한다던데, 현실 남매답지 않은 모습으로 아직 동생과 애틋하게 지낼 수 있는 건 동생의 고운 내면과 외면 덕분이 아닐까 싶다. 백설기처럼 하얗고 뽀얀 얼굴을 가졌던 남동생은 매주 되약볕에 축구하는데도 여전히 하얀 편이다. 어렸을 때부터 엄마는 동생을 찐빵이라고 부르곤 하셨다. 하얗고 말랑한 볼살을 조물조물 만지면 어찌나 귀엽던지. 그렇게 볼을 잡아당기고 만져도 짜증 한 번을 안 냈다. 사춘기를 지나면서도 부모님께 큰 소리로 대든 적이 한 번 없던 동생. 덕분에 우리는 보기 힘든 남매의 모습으로 자랐다. 그 흔한 심부름 한 번을 안 시켜본 누나와 누나의 일이라면 뭐든 돕고 싶어 하는 남동생의 모습으로. 믿기 힘들 수도 있고 재미없을 수도 있지만 사실이다. 이제는 조카들까지 챙기는 동생에게 참 고맙다.

오늘도 동생에게 메시지가 왔다.

"누나, 티라미수 케이크 좀 주고 가려는데 애들 아직 안 자지?"

삼촌이 잠시 들른다는 소식에 아이들 얼굴이 벌써 환해진다.

1900년대 초까지만 해도 어린이는 어리석고 미숙한 존재라는 의미로 존중받지 못하던 계층이었다. 억압받던 아동 노동자들도 많던 시절이다. 집에서도 사회에서도 살뜰하게 돌봄 받지 못하는 존재였다. 이에 방정환은 어린이에 대한 인식 변화를 촉구하며 1923년 어린이날을 제정하고 어린이 운동을 펼친다. 1920년대, 어린이들을 아끼고 그들의 눈높이에서 함께 세상을 바라봤던 방정환.

방정환은 경성 청년 구락부를 결성해 청년들을 위한 계몽운동으로 독립운동을 시작했다. 장인어른인 손병희의 영향으로 3.1운동에도 뛰어들었다. 언론인, 출판인이자 청년운동을 하던 방정환의 눈에 소외된 어린이들이 보였나 보다. 그는 점차 어린이의 인권을 위한 활동에도 나서게 되었다. 아동 잡지 『어린이』를 창간하고 외국의 동화를 번역하며 아동문화의 지평을 넓힌다. 동화 구연으로도 활발한 활동을 하는 등 자신의 짧은 생애를 아이들을 위해 모두 쏟아부었다.

1923년 5월 1일 어린이날을 맞이하여 어린이 선언문이 발표되었다. 국제연맹 아동 인권 선언 발표보다도 빠른 우리나라의 어린이 인권 선언. 방정환의 다정한 마음이 일궈낸 결과다.

지금 학생들이 많이 사용하는 줄임말을 먼저 사용했던 인물도 방정환이다. 많은 작품을 번역하고 창작하던 방정환은 당시 일제의 감시가 워낙 심해 필명을 사용할 수밖에 없었다. 방정환의 호인 '작은 물결'이라는 뜻의 '소파'는 물론이고, 은파리, SP생, 파영, 목성, ㅈㅎ생, 깔깔박사, ㅅㅎ생, 잔물 등을 필명으로 사용했다고 한다. 당시 어린이를 위한 글을 쓰는 작가가 많지 않아 여러 개의 필명을 사용해 다양한 글을 싣기도 했다. 필명을 바꿔 쓰면서까지 어린이들을 위한 글쓰기를 멈추지 않았던 방정환. 어린이 잡지는 물론 여러 천도교의 잡지와 학생 잡지의 편집을 모두 맡아 하며 문학 활동도, 독립운동도 허투루 하지 않고 온 힘을 다하던 방정환은 1931년 33살에 과로사로 삶을 마감한다. 그에게 주어진 삶이 너무 짧았다는 것이 애달프다.

독립된 인격체로 아이들을 바라보던 방정환은 어린이를 우리나라의 미래로 소중히 여기며 그들이 글과 문학을 통해 올바른 성장을 할 수 있기를 간절히 바랐다. 방정환의 모습을 떠올리며 어린이 교육의 의미를 되새긴다.

"어린이는 결코 부모의 물건이 아니고 어느 기성 사회의 주문품이 아니라 한 사람으로 태어나오는 것이고 저대로 독특한 한 사람이기 때문에 지금 조선에는 애愛와 정情의 지도가 필요합니다."

"어린이를 책망하실 때는 쉽게 성만 내지 마시고 자세히 타일러 주시오."

3-7.

딸 바보 효종

 화요일 퇴근길, 퇴근 시간은 엇비슷했지만, 나는 저녁 준비를 위해 먼저 들어오고 남편은 딸의 태권도 학원 하원 시간에 맞춰 아이를 데려오기로 했다. 현관문을 열고 남편과 함께 들어오는 딸의 얼굴이 희희낙락이다. 손에는 아이스크림과 요즘 최애 아이템인 중국 간식이 들려 있다. 고개를 돌려 남편을 보니 오묘한 표정이다. 분명 미간에 인상이 잡혔는데 입은 웃고 있다.
 남편은 알뜰하고 검소한 사람이다. 사소한 소비를 하지 않으며 간식을 먹는 습관도 거의 없다. 따라서 편의점을 수시로 드나드는 아이들의 일상을 이해하지 못한다. 하지만 마음이 머리를 이겼을 거다. 딸은 오늘도 승리자처럼 아빠 옆에서 많은 간식을 쟁취해 왔다.
 저녁을 먹고 치우는 시간, 남편은 뉴스 시간을 사수하려고 했지만 결국 딸의 성화에 못 이겨 함께 보드게임 판을 벌였다. 이번에도 남편의 미간에 살짝 주름이 잡혔다. 결국 남편은 그다지 선호하지 않는 '루미

큐브'를 배우고 있다. 딸에게 잔소리를 들어가며.

먹고 싶다는 것, 가고 싶다는 곳 하나하나 놓치지 않고 딸을 위해 고군분투하는 남편. 어깨 아프다면서도 갑자기 목마 태워주고 싶다고 딸을 들어 올리는 남편. 유독 딸의 애교에 모든 방어 기제가 녹아내리는 남편을 보며 아빠들은 딸 바보라는 말을 실감한다.

조선 시대라고 다르진 않았던 것 같다. 딸 바보 하면 조선 17대 왕 효종이 떠오른다. 효종은 병자호란 때 인질로 잡혀갔다가 돌아온 인조의 둘째 아들이다. 형이었던 소현세자의 죽음으로 왕이 된 인물. 교과서에서는 청에 대한 치욕을 갚겠다는 북벌론으로 잠시 등장한다.

효종에게는 정비 인선왕후 장 씨와 후궁 안빈 이 씨에게 낳은 아들 하나와 딸 일곱이 있었다. 이중 막내 숙녕옹주만 제외하고는 모두 정비였던 인선왕후 장 씨의 소생이다. 숙명공주, 숙안공주, 숙신공주, 숙휘공주, 숙정공주, 숙경공주와 숙녕옹주가 있다. 여러 후궁을 두고 왕자들도 많던 다른 왕들과 달리 효종은 자손이 많지 않은 편이었다. 보통 공주는 결혼하면 궁궐에 일정 기간 머물다가 멀지 않은 곳으로 나간다. 멀리 떨어지는 것은 아니지만 어릴 때처럼 아빠 효종 옆에 붙어 있긴 어렵다. 효종도 딸들이 그립고 보고 싶었나 보다. 딸들을 자주 궁궐에 불러들였던 기록이 있다. 그것도 모자라 자주 편지를 주고받았다. 효종이 숙명공주와 나눈 편지를 모아 만든 서간집 '신한첩'의 이야기다.

"시집에 가더니 고양이만 안고 사느냐? 혹 감기에 걸렸거든 약을 해 먹거라."

고양이를 좋아하던 숙명공주가 추운 날씨도 잊은 채 고양이를 돌보다 감기 걸릴지 걱정하는 아버지의 걱정스러운 마음이 고스란히 드러난다.

하루는 공주들이 궁궐에 입궐하여 패물을 가져가는 날인데 숙명공주만 오지 못했나 보다. '왜 네 몫을 챙기지 못하냐고' '악을 쓰더라도 부디 본인의 몫을 챙기라'고 편지를 남긴 효종. 딸을 챙기는 현실판 아빠의 모습이다.

떠올려보면 우리 아빠는 더 심했다. 아빠와 다니면 나는 가방도 들지 않았다. 어깨가 자주 아픈 나를 위해 아빠는 작은 가방까지도 다 들어주셨다. 내가 원하는 일이라면 뭐든지 다 해결해 주시려던 아빠. 중학교 때 내가 배우 차태현을 좋아하니 방송국에 전화해 준다고 하셔서 기겁했더랬다.

고등학교 때 준비물을 놓고 간 날이면 어김없이 후문으로 가져오셨다. 딸이 행여 혼날까 부리나케 달려오셨다. 친했던 고등학교 친구들은 지금도 만나면 빠뜨리지 않고 묻는다. 아빠 잘 계시냐고. 다른 어떤 친구들의 아빠보다 자주 뵈었고, 누구보다 다정했던 홍순지 아빠, 잘 계시냐고.

어렸을 적 아빠가 자주 하시던 질문이 기억난다.

"우리 딸, 넌 태어날 때부터 예뻤어, 자라면서 예뻐진 거야?"

그땐 도대체 무슨 질문인가 했다. 예쁘다는 건지, 예쁘면 얼굴이 예쁘다는 건지. 그냥 예뻐하셔서 말씀하시는 건지. 알 듯 말 듯, 문법적으로도 이상하고 아리송한 문장이었다. 근데 그 질문을 요즘 내가 하고 있다.

"소연아, 넌 태어날 때부터 예뻤어, 자라면서 예뻐진 거야? 도대체 언제부터 이렇게 예쁜 거야?"

자식을 키우면서 부모의 사랑을 깨닫는다. 내가 받았던 무한한 사랑을 떠올리며 나이 드시는 부모님께 나 역시 무한한 사랑을 되돌려드릴 수 있는 딸이 되어야겠다고 생각한다. 그리고 동시에 내가 경험한 무조건적인 사랑을 우리 아이들에게 보여줄 수 있어야 한다는 책임감도 느낀다. 엄마가 자식을 사랑하는 것은 당연하다. 하지만 아이가 그것을 어떻게 받아들이고 그 사랑의 양분을 얼마나 흡수해서 어떻게 자라는지는 사랑을 주는 방법과 노력에 따라 달라진다. 이런저런 이유로 사랑하는 것이 아니라 무조건 너의 존재를 사랑하고 믿는다는 올바른 믿음을 주고 싶다.

세상을 살면서 가끔 무조건적인 사랑을 확인하고 싶은 순간이 있다. 어른이 되어서도 가끔은 아이처럼 그렇다. 내가 다 책임져줄 테니 걱정하지 말라는 든든한 아빠의 말. 너가 제일 예쁘다는 엄마의 말. 아무 문제 없으니 신경 쓰지 말라는 확언의 말. 어린 시절, 난 아빠의 단호하고 확실한 표정과 목소리만으로도 모든 불안을 잊곤 했었다. 그게 사실인지 아닌지는 중요하지 않았다. 부모님이 들려주시는 그 바보 같은 사랑의 언어는 나를 지켜주는 가장 안전하고 단단한 생득적 사랑의 힘이었다.

어른이 된 후 가끔 돌부리에 걸려 가던 길을 포기하고 싶을 때 떠오르는 한마디가 있었다.

'내가 누구 딸인데'

그리고 이제 한 문장 더 중얼거린다.

'내가 누구 엄만데'

3-8.

아들의 독립심으로 엿본 조선의 독립

14년 만에 자기 방 불을 끈 아들.

착착착. 오늘따라 등교 준비를 하는 아들의 몸놀림이 가볍다. 깨우기 전에 일어나 샤워를 하더니, 늘 대충 털고 가던 머리를 오늘은 정성스럽게 드라이기로 말린다. 그러고는 요즘 들어 자꾸 안 먹으려고 하던 아침 식사까지 차려준 대로 고이 먹는다. 어젯밤 할머니께서 정성스럽게 끓여두신 홍합미역국 한 사발을 깨끗하게 비웠다. 이렇게 훌륭할 수가. 그리고 가장 중요한 것은 책가방을 둘러메고 나오며 자기 방 불을 끈 것이다. '탁!' 옆에 있던 선풍기까지.

세상에. 그 모습을 바라보던 내 입이 떡 벌어졌다. 입을 다물지 못하고 뒤를 졸졸 따라다니는 나를 보며 미소까지 날려주는 아들. 아들이 선사해 준 완벽한 아침이다.

그런 걸로 완벽한 아침까지 논하냐는 비웃음이 들리는 듯하다. 물론 우리 아들도 처음 불을 끈 것은 아니다. 다만 14년 만이라고 느낄 만큼 평소 불을 끄고 다니지 않는 탓에 오늘 아침 아들의 별명은 '14년 만에 자기 방 불을 끈 사람'이었다.

"엄마 오늘 에세이 주제를 이걸로 해야겠다."

놀림 반 놀람 반으로 말했는데, 정말 이 이야기를 써 내려가고 있다. 고맙게도 아들이 (진짜 쓸지 몰랐을지도) 맞장구를 치며 허락을 해줬다. 에세이로 승화시키기 위해 오늘 아침 모습에 의미를 부여해 보자면, 아들에게 독립심이 생겨가고 있다는 것이다. 느리지만 조금씩 변하고 있다.

"엄마! 내일 아침에 손톱 깎자!"

잠들기 전 저녁 시간, 중학교 2학년 아들 방에서 들려오는 소리에 기가 찼다. 기가 찬다고 하면서도 다음 날 아침 어느새 난 아들의 손가락을 붙들고 거실 바닥에 쭈그려 앉아 손톱을 깎고 있었다.

어렸을 때부터 해주다 보니 자연스럽게 이어졌다. 문득 언제까지 손톱을 깎아줘야 할지, 다들 언제부터 스스로 하는지 궁금해졌다.

마침, 그날 수업을 온 중학교 3학년 남학생의 긴 손톱이 눈에 들어왔다.

"경준아, 너 손톱 잘라야 하네!"

"네. 엄마가 바쁘셔서 못 잘랐어요."

너도 엄마가 손톱을 잘라주신다고? 정작 내 생각은 못 하고 놀랐다. 바로 옆에 앉아 있던 중학교 2학년 남학생에게 물었다.

"설마… 넌 손톱 혼자 깎지?"

"저도, 엄마가……."

충격적이었다. 결국 작정하고 설문조사를 했다. 매우 궁금했기 때문에 바쁜 시험 기간 중에도 학원에 오는 아이들에게 물었다. 의도한 바가 있었기에 주로 남자 중고등학생들에게만 물었는데, 19명 중 12명이 엄마가 깎아준다고 대답했다. 반 이상이다. 늘 아들의 손톱을 깎아주면서도 혼자 깎으라고 구박하며 덩치 큰 중학교 아들 손톱 깎아주는 사람은 나밖에 없을 거라고 생색을 냈었는데, 모두가 같은 모습이었다.

여러 이유가 있었다. '엄마가 더 잘 깎아요.', '제가 하면 아파요.', '귀찮아요.' 물론 나도 같은 이유였다. 귀찮고 잘 안된다며 안 깎는 아들의 손톱을 후딱 깎아 줘 버려야겠다 싶어 계속하던 일이다.

결과를 이야기하며 학원 아이들과도 한참을 웃었는데 웃음 뒤에 쓴맛이 남는다. 이거, 괜찮을까?

독립심을 키워주고 싶지만 쉽지 않다. 홀로 서는 일은 누군가가 대신 해 줄 수 없다. 내면의 힘이 필요하다.

1876년, 최초의 근대적 조약이라고 불리는 강화도 조약이 체결된다. 그전까지 우리는 중국의 속국이라고 불릴 정도로 중국을 섬기는 사대외교를 해왔고 사대를 통해 중국의 체제 안에 있는 것을 우리의 능력이자 주어진 특권이라 여겨왔다. 하지만 시대가 바뀌었다. 근대에 접어들면서 동아시아의 질서가 달라졌고 일본은 동아시아 주인 자리를 노리면서 우리를 침략하기 위해 중국과 우리의 관계를 끊으려 했다. 우리를 상대하기 위해서는 거대한 중국이라는 뒷배를 없애야 했을 테니까. 그래서 등장한 강화도 조약의 1조 내용이 '조선은 자주국'이라는 것이다. 얼핏 보면 나쁘지 않은 1조는 사실 속뜻이 있다. 중국과 조선의 관계를 끊도록 부추기는 일본의 속셈이 그대로 드러나 있기 때문이다.

이 부분을 수업할 때 잘 이해하지 못하는 아이들이 있으면 이렇게 이야기를 해준다.

"00아, 네가 학교 끝나고 학원을 가야 하는데, 친구가 놀자고 해. 그래서 네가 '안돼, 학원 빠지면 엄마한테 혼나.'라고 말했다고 쳐보자. 그런데 그 말을 들은 친구가 '야, 너 애냐? 무슨 초딩도 아니고 엄마 말만 들어? 네가 하고 싶은 대로 행동도 못 하냐? 너 지금 나랑 놀고 싶지? 그럼, 주체적으로 행동해. 넌 독립적인 자아가 있어. 당당하게 자주적으로 행동하라는 말이야.'라고 말한다면 느낌이 어때?"

"흠. 맞는 말 같은데 뭔가 친구의 꼬임에 넘어가는 것 같아요."

완벽한 비유는 아니지만 비슷한 상황이다. 조선에 독립을 강요하는 일본은 자국의 이익을 위해 강화도 조약에 우리의 자주권 조항을 넣었다.

우리 스스로 주인이 되어야 한다는 자주에 대한 권리는 스스로 필요성을 느끼고 가치를 부여해야 올바른 방향으로 나아갈 수 있다.

이후 거세지는 근대의 소용돌이 속에서 자주독립이라는 가치는 더욱 중요하게 자리 잡는다. 일본의 침략에 저항하는 것은 물론 중국의 손아귀에서 벗어나는 일도 시급했다. 중국이 만든 질서 안에서 벗어나야 했고, 일본이 뻗치고 있는 손을 피해야 했지만 힘이 없었다. 주변에 휘둘리지 않고 곧게 서 있으려면 바다에 발바닥을 붙이고 중심을 잘 잡아야 했지만, 당시 조선은 휘둘리지 않는 내면의 힘이 부족했다. 위정자들은 세력 다툼을 일삼았고 구시대적 사상에 사로잡힌 조선의 선비들은 새로운 질서를 보지 못했다. 우리의 참혹한 식민지 역사는, 물론 일본 제국주의라는 잘못된 과거로 인한 결과임이 분명하지만, 조선이 더 강한 내면을 가지지 못했다는 아쉬움 역시 피할 수 없다.

누군가 말하지 않아도 스스로 손을 바라보고 손톱을 깎아야겠다고 생각하고 행동하는 것이 독립적이다. 자신의 공간을 잘 정돈하고 나서야 개운한 마음으로 집을 나설 수 있는 바른 행실도 독립적이다. **현대**

를 살고 있는 우리에게 독립은 거창한 것이 아니다. 스스로 옳고 그른 것을 판단하여 행동할 수 있는 것, 어떤 유혹에도 자신의 신념대로 걸어갈 줄 아는 단단함이 진정한 독립적 자아의 모습이다.

어질러져 있는 아들 방의 옷을 정리해 주며 생각한다. 어른이 되면 빨리 독립해 고양이를 키워보고 싶다는 아들에게, 방 정리부터 잘하고 다니면 그때 생각해 보자고 말해야지.

Special interview

'사춘기는 딸이 더 심하다니까?'

오랜만에 지인들을 만나 아이들 이야기를 하며 시간 가는 줄 몰랐던 날. 딸만 둘을 둔 지인이 말했다.

"아니, 아들 엄마들이 참 뭘 모르네. 딸 사춘기는 다들 못 겪어봤지? 얼마나 피곤한 줄 알아? 피가 말라. 피가."

예민한 딸을 둔 그녀는 아침부터 밤까지 딸의 비위를 맞추느라 애를 먹는다고 했다. 아침에 일어난 후 컨디션과 얼굴 부기에 따라 아이의 기분이 달라진단다. 교복의 빨래 상태, 화장실의 습도까지 트집을 잡아 울화통이 터지지만, 아침부터 아이를 혼낼 수 없어서 때때마다 달래 등교를 시킨다고.
그렇게 예민하게 굴 때까지 가만히 두냐는 다른 엄마들의 질문과 타박에 그녀는 울컥해서 언성을 높였다.

"하루아침에 만들어진 일이 아니야. 나라고 뭐 성질 없나. 요새 부쩍 친구 관계에도 힘들어하는 것 같아. 성적에도 예민해서 나름 애쓰는 애를 뭐 어떡해. 나라도 맞춰줘야지."

아직 우리 집 딸은 사춘기가 오지 않았으니, 딸의 사춘기는 직접 경험해보지 못했다. 그저 결론은, 아들이든 딸이든 사춘기는 쉽지 않다는 사실이다.

아들에게 하던 말을 요즘 딸에게 하고 있다.
"사춘기란 없는 거야! 괜한 자기방어일 뿐이야. 우리 딸은 사춘기 따위 없이 엄마랑 사이좋게, 비밀 없이 알콩달콩 평생 함께할 거지?"
"응! 엄마! 당연하지!"
아직 대답은 이러하다. 하루가 다르게 달라지는 딸의 온도를 보면 저 확언의 말이 언젠가 사라질 것 같아 두렵다.

덧붙이는 말_
아직 나는 딸의 사춘기는 겪어보지 않아 자녀와의 갈등 이야기에서는 주로 아들이 등장한다.

아들, 딸 편 가르기 하는 것은 아니다. 아들은 이렇다, 딸은 이렇다는 편견과 선입견을 양산하려는 것도 아니다. 그저 대체로 이렇게 살아가고 있다는 일상의 이야기들을 쓰다 보니 아들과 딸의 비교 체험 극과 극이 된 느낌이다. 예민한 아들도 털털한 딸도 많이 있지만 나와 주변의 이야기를 쓰다 보니 편협하게 표현된 것 같아 겸연쩍다는 말로 불편해할 독자들에게 변명을 남긴다.

제 4 장

사史심이 알려주는 부모의 방략

4-1.

때로는 전략가 정도전처럼

　조선은 이성계가 세운 나라지만 이성계의 옆에는 필수 불가결의 인물, 정도전이 있었다. 정도전은 고려 청백리 정운경의 아들이다. 외가 쪽에 천민의 피가 흐른다는 소문 때문에 출셋길이 막혔다고도 하고, 아버지 정운경이 친원(몽골)파 권세가들과 가까이하지 않았기 때문에 가세가 기울었다고도 한다. 고려 말 친원파에 맞서다 유배를 갔던 정도전은 유배지에서 백성을 위한 민본사상을 정립했다.
　이후 이성계를 만나 새 나라를 설계하던 정도전은 왕 중심 정치제도의 문제점을 해결하기 위해 재상 중심의 정치제도를 도입한다. 왕권을 견제할 수 있는 이러한 제도 덕택에 조선은 500년 넘게 유지될 수 있었다. 정도전은 경제, 사회, 국방 방면의 새로운 제도와 전략을 끊임없이 수립했다. 권력 체계, 군사 제도, 세금 제도 등 행정과 의학, 농업 등의 분야에서 많은 책과 이론을 남겼다. 정도전이 만든 『조선경국전』은 후에 조선 최고의 법전 『경국대전』으로 발전했고, 경복궁 내 각 건물의 이름이나 배치 등도 그의 뜻대로 이루어졌다. 재상으로서 왕을 받들고 백성을 이끌어 새 나라의 도약을 꿈꿨던 정도전.

아이를 키울 때도 전략이 필요하다. 아이의 성향과 발달 단계, 나이에 맞는 올바른 훈육 및 학습지도가 이루어져야 하기 때문이다. 작은 의사 결정 때때마다 다양한 반응과 상황을 고려하여 대처해야 한다. 양육이라는 긴 일대기 사업을 성공적으로 해내려면 삼봉 정도전처럼 우리에게도 치밀한 책략이 필요하다.

오늘은 아들에게 시험 기간 계획을 짜오라는 이야기를 할 타이밍을 살펴보고 있다. 영어, 수학 숙제를 몰아서 처리하는 월, 화, 수의 늦은 밤은 피해야 한다. 짜증 지수가 높은 시간이다. 아침부터 학원에 가는 토요일 오전 시간도 피해야 한다. 아들은 주로 목요일 수학학원이 끝난 밤 10시 30분경이 가장 기분이 좋다. 다음날 학원 일정이 없고 곧 다가올 주말까지 있는 시간. 자신에게 주어진 것을 무사히 마쳤을 때 느껴지는 성취감과 홀가분함에 취해 기분이 최상이다. 그때를 틈타 얼른 가볍게 이야기해야겠다. 사춘기 아이들에게는 말 한마디 하는 것도 전략을 짜야 한다. 씁쓸하지만 가정의 평화를 위한 방략이니 어쩔 수 없다.

지난 7월, 몇 달 만에 가족 간담회가 열렸다. 격월에 한 번씩 개최하기로 한 가족 독서 간담회가 최근 제대로 실행되지 않고 있어 벼르고 있던 참이었다. 오랜만에 터진 아들과의 갈등으로 인해 서둘러 개최된 간담회. 갈등은 소강상태였지만 흐트러진 아이의 상태를 한번 짚고 넘어가야 할 타이밍이었다. 개최 일주일 전에 가족 단톡방에 공지를 올렸다. 아이들과의 공식적인 약속이나 가족여행은 최소 일주일 전 공지를 하려고 한다. 이제 아이들도 친구와의 약속이나 자기만의 계획이 있는 나이가 됐다. 겨우 개최된 제3회 가족 간담회. 약간의 다과가 놓인 식탁에 네 명이 앉아 인사를 하면서 시작했다. 간담회 안건은 미리 프린트하여 배부했다.

"자. 제3회 간담회 실시합니다. 여러 가지 안건을 순서대로 하나씩 해결하도록 하겠습니다. 일단 지난번 9.21 협정 이후 잘 지켜지고 있는지에 대한 현황 체크와 함께 추가적인 안건에 대해 논의하겠습니다."

"엄마. 안건이 뭐야?"

해맑은 딸이 불쑥 끼어들었다. 분위기가 흐트러지지 않게 서둘러 설명해 주고 회의를 이어갔다.

미리 안건을 제시하라고 해도 아이들은 무언가를 생각해서 먼저 제시하지는 않는다. 그만큼 간담회에 적극적이지 않다. 하지만 아이들 처지에서도 개선되는 것이 있어야 앞으로도 간담회 참석을 유도할 수 있다. 따라서 아이들에게 이득이 될 만한 안건은 알아서 올려둔다. 예를 들어 이번엔 용돈 인상 건을 넣었다. 학원 시간이 늘어난 아들은 용돈 인상이 불가피한 상황이었다. 더불어 내가 제안한 안건 두 가지가 있었다. 집안일에 적극적으로 참여하기와 한 달에 한 번 교회 가기.

결혼 전 나는 교회를 다니고 있었다. 열성적인 교인은 아니었지만, 부모님을 따라 거의 매주 출석 도장은 찍었다. 하지만 결혼 후 15년 동안 거의 가지 못했다. 다니던 교회가 조금 멀어 '아이들이 조금 자라면, 다녀야지' 미루다 보니 어느새 15년이 흘렀다. 가까운 곳으로 가자는 남편의 의견도 있었고, 아이들과 교회에 가는 루틴을 만들고 싶었던 나는 집 앞 교회로 한 달에 한 번이라도 출석하기 목표를 세웠다. 아이들에게 믿음을 심어주고 안정적으로 자신의 인생을 꾸려갈 수 있는 바탕을 만들어주고 싶었다.

평소에도 여러 번 교회를 가야 한다는 당위성을 언급은 하고 있었기에 한 달에 한 번이라는 제안을 아이들은 큰 거부감 없이 수락했다. 자신도 어렸을 때 교회를 열심히 다녔었다며 남편도 동의했다. 물론, 약속이 있거나 여행 일정이 있으면 못 갈 수밖에 없다는 조건과 함께. 처음부터 많은 것을 바라지 않았던 나는 당연하다며 맞장구쳤다. 이제 와 고백하건대, 내 마음속에도 오랫동안 가지 못했던 교회를 매주 오전마다 가는 것은 부담이었던 것 같다.

결국 이렇게 하여 성사된 교회 가기 전략. 한 달에 한 번 일요일 교회 가기. 성공적으로 반년 넘게 유지되고 있다. 몇 달 지났을 때 상황을 솔직히 말씀드렸다. 교회란 매주 와야 한다는 틀에 박힌 이야기가 아니라 상황을 이해하고 기다려주신 목사님과 교회 분들 덕분에 반년 동안 아이들도 조금씩 적응하고 있다. 남편과 나, 중학교 3학년 아들과 초등학교 4학년 딸까지 네 명이 쪼르륵 앉아서 예배드리는 주일이 기다려지기까지 한다.

누군가에게는 허술해 보이고 이해할 수 없는 협상 같아 보여도 나에게는 다 큰 아들을 설득하기 위한 전략이었다. 전략이라는 단어는 감정을 배제한 채 이익 타진만을 위하는 술책과 같은 어감이 있으니, 설명을 덧붙이고 싶다. **아이를 대하는 전략은 단순한 술책이 아니라 아이의 입장을 살피는 배려다. 아이가 받아들일 수 있는 타협안을 제시할 수 있는 어른의 배려.**

4-2.

인조가 보인 감정적 의심의 최후

'답지 보고 베낀 것 아닐까.'

고등학교 비문학 지문은 논술 수업을 하는 내가 봐도 어렵다. 긴 지문을 읽어 내려가다 보면 윗부분을 까먹기 일쑤다. 그래서 동그라미, 세모, 물결 등 지문에 표시를 해두고 문제와 대조하면서 풀 수 있도록 지도하곤 한다. 그런데 막상 우리 아들의 문제집은 늘 깨끗하다. 아무 흔적도 없이 새것 같은 문제집. 채점을 해보면 다 정답이다. 참다가 결국 한 마디 던졌다. 네가 푼 것이 맞냐고.

아들이 펄쩍 뛴다. 예전 같으면 마음으로는 의심하면서도 드러내지 못했다. 몰래 감시하며 진실을 파헤쳤을 거다. 하지만 어설픈 의심이 더 위화감을 불러일으키기에 이제 솔직히 표현한다. 대신 명확하고 합리적으로 이야기한다.

상황에 따라 합리적 의심은 상대방의 능력치를 인정하는 행동이 될 때도 있다. 높은 결과치나 순조로운 상황에 대한 의심일 경우에 그렇다. 따라서 논리적 설명이 충분히 이루어지면 불쾌함을 최소화하여 소통할 수 있다.

"엄마는 표시하면서 풀거든. 그게 정답은 아니지만 보통 많이들 그래. 아무 표시 없이 이렇게 할 수 있다는 게 놀라워서 확인할 수밖에 없어. 어차피 집중해야 하니까 핸드폰은 제출하고 풀자."

결국 모든 전자기기를 제출하고 식탁에서 문제를 푼 아들이 다 맞는 것을 확인한 후에야 안심하고 진심으로 칭찬을 해주었다. 민망한 안심이다. 승리한 아들의 표정! 내가 졌다. 졌지만 기쁘다.

"이렇게 푸는 게 말이 되냐? 너 답지 봤지?"와 같은 공격적 의심을 던지거나, 혼자 끙끙대고 불신을 쌓는 것보다는 나은 방법이었다. **의심의 기저에는 불신이 있다. 자식을 불신한다는 것에 대해 죄책감이 들어 의심하기 전후로 아들의 눈치를 살폈다. 불신과 의심 없이 사는 것은 불가능에 가깝다. 그럴 바에는 의심을 공론화시켜 소통하자. 의심을 쟁점화하면 감정적인 부담이 덜하다.** 그 과정에서 스스로 나의 의심이 합리적이고 타당한지 파악도 가능하다. 덮어놓고 감정적 의심과 공격만 앞세우면 아이들도 마음이 상해 갈등만 유발할 테니 주의해야 한다.

아버지의 의심과 자격지심이 부른 화*로는 인조와 소현세자를 빼놓을 수 없다. 소현세자는 인조의 장남으로 인조반정과 함께 세자로 책봉되었고, 병자호란이 끝난 후 심양에 인질로 끌려갔다. 그곳에서 소현세자는 청과의 관계를 원만하게 유지하고 인질들을 풀어주기 위한 활동을 이어간다. 하지만 조선 본토에서는 이 활발한 활동을 못마땅하게 여기는 인물이 있으니 바로 아버지 인조다. 삼전도의 굴욕 이후 청에 대한 반감과 분노가 심했던 인조는 청나라가 자신을 몰아내고 소현세자를 왕으로 앉힐까 봐 걱정했다. 8년 남짓한 인질 생활이 끝나고 소현세자가 귀국했지만, 인조는 아들에 대한 의심을 거두지 않았다. 아버지 인조의 냉대에 소현세자는 괴로워했다. 불신과 질책으로 인해 상처받은 탓인지 소현세자는 귀국 후 두 달 만에 병을 얻고 사망한다. 학질로 인해 며칠 만에 죽음까지 이르렀다고 하지만 의문점이 많았다.

하지만 인조는 세자의 사망 의혹에 대한 조사도 하지 않고 세자를 돌보던 의원에 대해서도 처벌하지 않았으며 매우 간소하게 장례를 치렀다. 이후의 상황 역시 석연치 않다. 세자빈은 인조를 독살하려 했다는 의심으로 사약을 받아 죽었으며 제주도에 유배되었던 소현세자의 두 아들도 의문의 죽임을 당한다. 인조와는 정말 관련이 없는 일일까? 군주로서도 아버지로서도 부족함이 많았던 인조다.

조선 시대를 알아가다 보면, 권력이 뭐길래 자식을 견제하고, 조카를 죽이고, 형제간의 싸움이 나나 싶다. 왕조 국가라 지금의 우리 시각으로는 온전히 이해할 수 없다고 아이들에게 설명하곤 하지만 가만히 돌아보면 본질은 지금과 다르지 않다. 권력까지는 아니더라도, 명예와 욕심을 위해서 아이에게 상처 주기도 하고 원하는 방향대로 아이들이 움직이지 않으면 간섭하고 의심하기도 하니까.

아이를 의심하거나 간섭하는 행동은 자식을 키우면서 어쩔 수 없이 마주하게 되는 현실이다. 아직 옳고 그름을 정확히 알기 어려운 나이, 그 기준을 제시해 주어야 하는 부모와, 자아가 생겨 자신이 원하는 대로 행동하고 싶은 아이들은 갈등을 겪을 수밖에 없다. **하지만 감정적인 의심과 소통 없는 간섭은 갈등을 키울 뿐이니, 필요한 의심인지 먼저 자문하자. 합리적 의심이라고 생각되면 아이와 대화해야 한다.** 의심은 어떻게 표현하고 어떻게 풀어내느냐가 중요하다. '널 믿을 수 없어'가 아니라 '확인이 필요한 중요한 일이야'라고 아이를 이해시킬 수 있다면 **의심은 합의 과정이 된다.**

사춘기 아들 훈육 방법에 대해 들었던 강의 내용 중 인상 깊은 대화법이 있었다. 아들에게는 감정에 호소하는 대화법이 아니라 현실적인 대화가 좋단다.

예를 들어보자. 말을 안 듣고 게임만 하는 아들이 있다. 엄마들은 흔히 상상한다. 자신의 속상한 마음을 아들에게 토로하면 아들이 엄마의 진심을 느끼고 가슴 아파하며 엄마에게 잘못했다고 말하고 둘은 부둥켜안으며 마음을 확인하는 극적인 장면을. 그래서 이렇게 말한다.

"우리 아들이 이렇게 말 안 듣고 공부를 안 하면 엄마 참 슬프고 속상해."

아들의 공감을 기대하며 말하지만, 돌아오는 것은 싸늘한 눈빛뿐. 대부분의 아들은 엄마의 감정적인 호소에 마음이 크게 움직이지 않는다. 그래서 뭐 어쩌라는 거지? 생각할 정도로 공감에 익숙하지 않은 남학생들도 많단다.

"아들, 네가 그렇게 말을 안 듣고 공부를 안 하면, 넌 결국 원하는 대학도 못 갈 거고 성공한 인생은커녕 평범한 인생조차 살기 어렵다. 지금 놀면 평생 더 고생한다!"

라고 명확한 사실을 제시해 주는 것이 오히려 아들들에게 타격이 있다는 것이다.

우리가 보이는 의심과 간섭 역시 마찬가지다. 감정적으로 상처를 주지 말고 제약할 수밖에 없는 현실을 인식시켜 주어야 한다. 논리적인 설명이 수반된다면 아이들도 충분히 받아들일 수 있다.

일반화시킬 수는 없겠지만 딸에게는 엄마의 감정 호소가 어느 정도는 통하는 것 같다.

 새벽까지 일을 하다 잠들어 유독 힘들었던 오늘 아침, 등교 준비를 하는 초등학생 딸에게 문득 고마운 마음이 들었다. 어느새 자라서 스스로 가방을 챙기고 시간을 체크하다니. 물에 젖은 솜처럼 무거운 몸을 겨우 끌고 다니는 나와 달리 바쁜 아침에도 늘 밝은 모습의 딸에게 이야기했다.

 "소연이 같은 딸이 있어서 엄마 너무 행복해. 소연이가 아침부터 투덜댔으면 엄마는 참 힘들었을 텐데 아침에도 늘 웃으면서 준비해 줘서 고마워."

 딸은 모터를 단 듯 더 빠르게 움직이며 집을 나선다. 흡족하고 뿌듯한 얼굴로.

4-3.

선조의 욕심이 초래한 파국

"영어는 학원도 보내고 과외도 하나 시키지. 수학은 당연히 대치동 거기 라이딩하고 과학 실험 수업도 다니고. 너무 공부만 하면 또 안 돼. 첼로도 하고 요샌 체력이 부족한 것 같아서 복싱도 시키려고."

몇 년 전 오랜만에 모인 지인들과 아이들 학원에 관해 이야기하다가 적잖이 놀랐다. 초등학교 4학년이었던 한 친구의 아들은 학원을 10개 가까이 다니고 있었다.

외벌이었던 그녀의 남편이 꽤 잘 벌고 있다는 것도 들었고, 그녀의 교육열이 높다는 것도 익히 알고 있었다. 하지만 같은 과목을 학원에 과외까지 보내고 있는 줄은 몰랐기에, 그날의 대화는 아직도 가끔 생각난다.

서울 변두리 출신인 그 친구는 어렸을 때 아빠가 돌아가셔서 엄마 혼자 힘들게 자신과 형제들을 키우셨다고 했다. 엄마가 시장에서 장사를 하셨는데 정확한 기억은 아니지만 생선 종류의 것을 파셨다는 것 같다. 늘 쥐가 돌아다니는 축축한 시장통 한 구석진 방에서 쪼그리고 숙제를 했다는 그녀의 말을 떠올려보면 말이다. 그때 그녀의 마음에 결핍이 생겼나 보다. 좋은 책상에 앉아 공부하고 싶고 친절한 선생님이 있는 학원에 다니고 싶었지만, 그럴 수 없었다는 것에 대해 몇 번이나 이야기했다. 어린 자신에게 말하듯 슬프지만 투지 가득한 눈으로 그녀가 말했었다.

"우리 경민이는 실컷 공부시켜 주고 싶어."

당시 그녀의 행동은 납득하기 어려웠다. 해주고 싶은 마음, 부족한 부분을 채워주고 싶은 마음은 이해한다. 자신이 못 해본 것을 다 해주고 싶은 부모의 마음이 잘못은 아니지만 그 마음을 핑계로 아이에게 무리한 학습을 강요하거나 기질에 맞지 않은 행동 양식이나 미래를 강요하는 것은 올바른 부모의 모습이라고 할 수 없다. 투덜대는 아이에게 손찌검하는 모습까지 종종 보았기에 더 마음이 쓰였다. 위축되어 고개를 푹 숙이며 힘없이 걸어오던 그녀의 아들 경민의 모습이 떠올랐다.

당시 그녀는 아이들의 바쁜 학원 일정을 소화하기 위해 라이딩을 다녔고, 아이들은 빽빽한 일정을 소화하느라고 인스턴트 음식으로 식사를 때우기 일쑤였다. 배달 음식을 주로 먹는다는 그녀의 말에 속이 답답했다. 그렇게 먹다가 오히려 대입이라는 장기전에 더 안 좋겠다는 소리를 했더니 그녀는 지지 않고 말했다.

"영양제 많이 먹이니까 괜찮아."

더 하고 싶은 말이 있었지만 서둘러 자리에서 일어났던 그날. **부모로서 너무 욕심을 부리지 않겠다고, 내 욕심을 아이에게 투영하지 말아야겠다고 다짐했다.**

나 역시 나에게 부족한 점을 아이에게 채워주고 싶어 아이의 부담을 외면하기도 했다. 아이가 학급 회장 선거에 출마하도록 압박했다. 나서는 것을 좋아하지 않던 내 성격이 가끔 아들에게 보이는 것 같아 더 다그쳤던 것 같다. 활발하게 적극적으로 좀 나서보라고. 실패를 두려워하지 말고 뭐든 도전하는 모습을 보여주라고. 욕심이 없는 편이고 친구들에게 양보하는 것을 더 좋아하는 아들에게 불만이 있었다. 욕심내보라고 다그쳐봤자 달라지는 것은 없었다. 그저 하기 싫은 일을 억지로 하며 괴로워하는 내 아들이 있을 뿐이었다.

당시에는 몰랐다. 친구 엄마에게 아들의 속마음 이야기를 전해 들었을 때 깨달았다. 반에서 회장 선거가 있던 날, 아들이 친한 친구에게 말했다고 한다.

"야, 나 어쩔 수 없이 나가긴 하는데, 나 진짜 뽑지 마! 나 회장 하고 싶지 않아. 00이가 더 하고 싶어 했으니까 나 말고 걔 뽑아!"

아들이 낙선이 두려워서 나서지 못하는 거라고 생각했지만 내 착각이었다. 회장이 되면 본인도 기뻐할 것으로 생각했다. 자리가 사람을 만든다는 말처럼, 그 자리에 걸맞게 리더십 넘치고 더 적극적인 아이로 변모할 것을 기대했다.

하지만 회장이 된다는 것만이 리더를 의미하는 것은 아니다. 회장이 되지 않아도 다른 친구를 위하고 배려하는 아들의 마음 자체가 리더십일 수 있다. 아이들에게 자신의 의견을 정확히 피력할 줄 아는 아들의 소통법도 리더십이었다. **내가 생각한 것만이 본질은 아니다. 고리타분한 기준에 빠져서 아들의 올곧음을 보지 못했으니, 아들보다 못난 엄마였다.**

다방면적으로 아이의 재능을 키우고, 적극적이고 주체적인 사람으로 크도록 지원해 주는 것은 중요하지만 그 기저에 자격지심이나 나를 위한 욕망이 있다면 결국 정도正道를 벗어나게 된다. **아이에게 정말 필**

요한 것이 무엇인지를 보는 현명한 눈은, 욕심이 걷혀야 보인다.

 1567년 명종 사후, 선조가 왕위를 잇는다. 선조는 명종에게 조카뻘 되는 방계 혈통이었다. 조선 최초의 방계 혈통이었던 선조는 본인의 출신에 자격지심을 가지고 있었고 결국 마흔이 다 되도록 세자 책봉을 미루며 적자의 탄생을 기다렸다. 정통성이 중요했던 시대였다. 하지만 적자의 탄생이 이루어지지 않은 상태에서 임진왜란이 일어났다. 피난을 가야 하는 선조는 할 수 없이 후궁의 아들 중 다음 왕이 될 인물을 고른다. 바로 광해군이다. 광해군이 세자로 책봉된 이후에도 선조는 아들 광해군을 미덥지 않아 하고 자주 질타했다는 기록이 있다.
 세자 광해군은 임진왜란에도 많은 공을 세웠고 전란 수습에도 앞장섰다. 그런데도 선조는 적장자에 대한 미련을 버리지 못했다.
 결국, 임진왜란이 끝나고 몇 년 지나지 않아 선조는 적장자를 탄생시켰다. 전쟁 이후 혼란을 수습하고 백성들을 보살펴야 할 시기에도 왕비 간택을 유독 서두르던 51세의 선조가 19살이었던 김제남의 딸을 왕비로 맞이했고 그 왕비, 인목왕후가 결국 아들을 낳은 것이다. 광해군에게는 9살 많은 새어머니가 배다른 동생을 낳은 일이었다.
 늦은 나이에 적자를 맞이한 선조는 막 태어난 아이에게 수백 명의 노비와 어마어마한 토지를 하사하며 극진한 애정을 과시한다. 선조는 자신의 적자인 영창대군을 세자로 책봉하고 싶어 했고, 광해군은 입지가 위태로워진 듯했다.
 하지만 하늘은 선조 편이 아니었나 보다. 선조의 병세가 급격히 악화됐고 결국 광해군이 다음 왕위를 잇게 된다. 이후 어떻게 되었을까? 광해군 즉위 후 어린 영창대군은 강화도로 유배 후 이듬해 9살의 나이로 증살 된다.

아버지 선조의 자격지심, 적자로 왕위를 잇고 싶다는 욕심을 모를 리 없었을 광해군. 광해군은 영창대군을 살려둘 수 없었을 것이다. 자격지심에 빠진 아버지 선조의 무리한 욕심이 불러온 파국이었다. 피바람을 몰고 온 광해군 역시 행복할 수는 없었다. 1623년, 인조반정으로 광해군은 쫓겨났고 권력 다툼과 혼란스러운 정국은 조선의 발전마저 저해하게 된다.

  권력 다툼이 끊이지 않는 조선이지만, 선조가 광해군에게 조금 더 믿음을 주고 안정적인 왕위를 넘겨주었다면. 자신의 콤플렉스를 잊고 현명한 정치를 해주었다면 더 낫지 않았을까. 씁쓸한 상상을 해본다.

4-4.

조선 사대부의 쓸데없는 자존심인가

필요한 자존감인가

"그 집 아들은 사춘기도 아니야! 어제 우리 애 집 나갔잖아."

가끔 주변에서 들려오는 사춘기 전쟁 소식은 상상을 초월한다. 초등학생, 중학생이 집을 나간단다. 밤 11시에 친구를 만나러 나가려 해서 온몸으로 막는다는 초등학생 딸을 둔 엄마의 이야기, 훈육을 하다가 몸싸움까지 한다는 중학생 아들 엄마의 이야기. 천불 나는 이야기를 들려주는 엄마들을 종종 만난다. 손에 땀이 나는 그녀들의 이야기를 들으며 세상의 많은 엄마, 아빠들은 위대하다는 결론을 냈다. 분명 우리도 철부지 어린아이였을 텐데, 부모가 되면 새로운 호르몬이라도 나오는지 잠재된 어른 DNA라도 있는 건지 매일같이 벌어지는 아이들과의 전쟁을 다들 잘 이겨내고 있다.

우리 아들도 딱 한 번, 밤에 나가려던 적이 있었다. 집을 나가려는 의도까지는 아닌 우발적 시도였지만 충분히 위협적이었다. 아들이 중1이었던 재작년 초봄의 일이다.

밤 11시가 다 되어가던 시간. 무엇 때문에 혼을 냈던 날인지는 기억이 나지 않는다. 성적 때문에 혼낸 적은 없으니, 그날도 분명 서로 다른 기준의 게임 시간 문제이지 않았을까. 아직 내가 사춘기 아들 다루는 법을 깨우치지 못했을 때다. 이성적으로 훈육하지 못하고 한바탕 소리를 지르고 혼을 냈다.

감정의 폭격인지 올바른 훈육인지 모를 분노의 소나기를 맞은 아들이 갑자기 옷을 주섬주섬 입었다. 옷장 문을 열어 잔뜩 구겨진 얼굴로 거칠게 옷을 꺼내 입더니 현관으로 뚜벅뚜벅 걸어 나갔다. 아들의 모습을 보니 겁이 덜컥 났다. 지금이야 학원 수업이 매일 밤 10시에 끝나니 10시 이후의 귀가가 당연한 일상이다. 수업 후 친구와 잠시 편의점에서 간식을 먹으며 이야기를 나누고 11시 넘어 오는 것도 이상하지 않지만, 그때는 아니었다. 아들이 초등 티를 벗지 못하던 때였다. 나 역시 초등 엄마를 벗어나지 못하던 때라 밤 11시에 아이가 나가려는 동작을 취하는 것만으로도 심장이 쿵쾅거리고 아찔했다. 두려웠지만, 최대한 티를 안 내려 무표정을 유지한 채 아들에게 말했다.

"너 나가기만 해. 조금 혼났다고 집 나가는 게 얼마나 위험한 행동인 줄 알아? 지금 밖에 나가면 이상한 애들, 이상한 사람들 잔뜩 있는데 나가서 뭘 어떻게 하려 그래. 집 나가면 네 인생 조지는 거야."

일부러 아들에게 두려움을 심어주고 각인시켜 주기 위해 '조진다'라는 단어를 두어 번 사용했다. 아들은 그런데도 나가겠다는 의지의 표현으로 현관문에 손을 올린 채 나를 쏘아봤다. 다행히 아들의 발이 쉽게 떨어지지는 않았다. 가끔 대들긴 해도 착하고 순한 아들은 두려웠던 거다. 그 문을 열고 나가 '조질' 수 있는 세상에 던져지기에는. 아들이 나중에 털어놨다. 자신도 나 못지않게 그 시간에 나가면 큰일 날 줄 알았다고. 결국 현관문을 잡고 오만가지 생각을 다 했을 아들. 10분 가까운 대치의 시간이 더없이 길게 느껴지던 순간이었다. 딸은 옆에서 '오빠 나가지 마!'를 연발하며 엉엉 울고 있었고, 남편은 귀가 전이었다. 나 역시 겉으론 무자비해 보였지만 머릿속에 복잡하게 많은 경우의 수를 떠올리고 있었다.

'얘가 진짜 나가면, 따라 나가야 하나? 금방 들어오려나? 밤새워 돌아다니다 이상한 사람들 만나 해코지당하는 거 아닐까?'

나의 단호함 속 간절함이 보였던 건지 단순히 늦은 밤 미지의 세계가 두려웠던 건지 다행히 아들은 한참 붙들고 있던 현관에서 손을 떼고 신발을 벗고 다시 쿵쿵거리며 자신의 방으로 돌아갔다. 안전한 나의 울타리 속으로.

그제야 숨을 몰아쉬고 가슴을 쓸어내렸다. 훈육 중임을 잊고 아이에게 매달려 끌어안고 잘했다고 칭찬해 주고 싶었지만, 참았다. 목소리를 가다듬으며 아이 방으로 향했다. 방문을 열고 담담하게 이야기했다. 화를 참고 이성적으로 행동하는 건 잘한 행동이라고 건조한 칭찬을 남기고 소란했던 밤을 서둘러 마무리했다.

슬며시 서로의 분노가 다 풀린 다음 날, 또 다음 날도 두고두고 그날의 행동에 대해 상기시키고 칭찬했다. 감정적이고 우발적으로 자존심을 세워서 집을 나가버리거나 옳지 않은 행동을 하면 안 된다고, 결국 후회하게 되고 오히려 더 나쁜 결과가 나올 수 있다고, 그날 순간의 선택은 참 잘한 행동이라고. 쓸데없는 자존심과 필요한 자존감을 구분할 줄 알아야 한다고 말이다.

학원 수업에서도 쓸데없는 자존심을 세우는 것은 위험하고 어리석은 행동이라는 것을 종종 이야기한다. 조선의 외교정책을 공부하는 시간이 딱이다. 때는 조선 후기로 접어든 광해군 시기. 임진왜란 이후 동아시아의 질서가 바뀌었다. 우리가 섬기고 조공을 바쳐왔던 명은 쇠퇴했고 만주 쪽의 여진족이 성장하고 있었다. 그럼 어떤 외교 정책을 세워야 할까.

단순한 상황만 놓고 본다면 현재 우리의 답은 명확하다. 여진족과 친선 관계를 구축하며 그들의 침략을 막아야 한다. 하지만 조선 시대는 달랐다. 대의명분을 강조하던 조선의 사대부들은 명과의 관계를 우선시했다. 결국 당시 집권 세력은 명, 여진 사이에서 적절히 중립을 지키며 여진족의 비위를 거스르지 않으려고 노력하던 광해군을 내쫓는다. 광해군의 폐위에는 여러 배경이 존재하지만, 외교 정책이 큰 부분을 차지하는 것은 부정할 수 없다.

이후 왕위를 잇는 인조는? 당연히 자신의 즉위 명분을 위해서라도 여진족을 배척함과 동시에 친명정책을 추진할 수밖에 없다. 그에 불만을 품고 여진족이 후금이라는 이름으로 조선을 침략하는 것이 정묘호란이다. 이후로도 계속되는 친명정책에 마지막 승부수를 던진 여진족. 이제 청이라고 국호를 바꾼 그들은 조선에 군신 관계를 요구했다. 명나라와의 관계를 끊고, 청나라를 섬기라는 것이다. 그것을 받아들인다면 당장 전쟁은 피할 수 있다. 하지만 받아들이지 않는다면 당시 곧 명을 삼킬 만큼 국력이 강해진 청나라가 조선을 침략할 것이 극명했다.

조선의 사대부들은 고민했다. 자존심 상하게 여진족이 세운 청나라를 섬겨? 아니면 대의명분을 내세우며 명나라 편을 계속 들어? 그들의 결론은 후자였다. 쓸데없는 자존심(성리학을 내세우는 그들은 쓸데없다고 여기지 않았지만) 내세우며 결국 실리를 포기한 그들로 인해 조

4장   171

선의 수많은 백성은 병자호란이라는 큰 전쟁을 맞는다. 임진왜란과 정묘호란이 끝난 지 오래지 않아 또 터진 끔찍한 전쟁이었다. 자국의 현실을 직시하지 못하고 오판하는 리더를 둔 조선의 최후가 점차 다가오고 있었다.

광해군과 인조의 외교정책은 아이들의 교과 내용으로도 별 다섯 개짜리의 중요한 주제이며 현대를 살고 있는 우리에게도 지침이 되는 손색이 없는 주제다. **필요한 자존감은 지키되, 쓸데없는 자존심은 놓을 줄 아는 사람이 된다면 불필요한 전쟁은 피하며 살 수 있지 않을까?**

4-5.

독립군의 암호만큼 중요한 것

"쌤, 엄마한테 절대 말하면 안 돼요. 저 남자 친구 생겼어요!"

목소리를 낮춰 남자 친구가 생겼다고 털어놓는 아이, 부모님이 잠드신 새벽 몰래 이불 속에서 몇 시간이나 게임했다던 아이, 학원 숙제를 베껴가는 아이까지 많은 학생이 비밀이라며 이야기들을 털어놓는다. 절대 비밀이라고 하는 사실은 부모님들에게 전달하지 않는 것이 내 원칙이다. 심각하게 위험한 상황이 아니라면 말이다. 그래야 아이들과의 유대관계를 지킬 수 있고 아이들에게 믿음직한 어른의 모습을 심어줄 수 있다.

학원뿐 아니라 가정 내에서도 때때로, 본의 아니게 나만 알고 있는 비밀들이 생긴다. 대나무 숲에 가서 소리쳐버리고 싶은 충동이 일 때도 있지만 목구멍 끝까지 올라오는 글자들을 삼키고 가정의 평화를 지킨다.

친구 관계에서는 특히 '너만 알고 있어', '우리끼리 비밀이야'라는 아슬아슬한 **비밀 요소들로 인해 관계가 더욱 돈독해지기도 한다. 하지만 비밀이 새어 나가기라도 하면 가장 의심을 받는 것도 그 비밀을 공유한 소수의 친구다. 비밀이 새어 나갔을 때의 의심과 배신감은 둘도 없던 친구 관계를 아무것도 아닌 사이, 아니 그 이하로 악화시킨다. 그만큼 위중하여 지켜내야 하는 것이 나에게 주어진 비밀의 무게다. 마치 왕관의 무게처럼.**

요즘 딸과 만든 비밀 암호가 있다. 본래도 엄마와 단둘이 무언가를 공유하는 것에 기쁨을 느끼는 아이인데 최근 만든 비밀 암호로 딸은 더 즐거워하고 있다. 비밀 암호를 만들게 된 경위는 이렇다.

아들은 주어진 일도 많고 압박도 많이 느끼는 사춘기 중학생이라 조금 유연하게 대한다. 쉽게 말하면 많이 '봐주고 허용'하는 편이다. 누구보다 일관성 있는 주 양육자의 모습을 강조하는 사람이지만 이건 좀 다른 이야기다. 롤러코스터 같은 심리 변화를 보여주는 사춘기 아이들에게는 최소한의 기준을 정해두고 컨디션을 살피며 대응할 수밖에 없다. 때때로는 타협안으로 간식이나 용돈으로 적절히 제시해 줄 수도 있어야 한다. 물질적인 것으로 거래를 해 버릇해서는 안 된다고? 육아를 몰라서 하는 말씀이다. 간식이나 적당한 용돈으로 타협이 된다면 감사한 일이다. 물질에만 매몰되면 안 되겠지만, 주어진 기준 안에서 적절히 이용할 수 있다면 물질도 협상의 효과적인 수단임은 분명하다.

상황이 이렇다 보니 옆에서 늘 딸이 불만이다.

"엄마, 왜 나는 과자 못 먹게 했으면서 오빠는 이 과자를 줬어?"

"엄마, 왜 나는 이 숙제 무조건 해야 한다고 했으면서 오빠는 줄여 줬어?"

"엄마, 왜 나는 저녁 시간에 못 나가게 하면서 오빠는 친구들 만나는 거 허락해 줘?"

"오빠를 더 예뻐하고 사랑하는 거 아니야?"

끝없는 불만의 폭격이 시작된다. 오빠와 너와는 나이나 상황이 다르다는 설명으로는 부족하다. 가정의 평화를 위해 오빠 비위를 맞춰주는 것이라는 설명을 해주었더니 다행히 이해한다.

"에휴, 엄마. 오빠가 사춘기라서 그렇지. 엄마가 힘드네. 그럼, 미리 말하지 그랬어. 그럴 땐 앞으로 나한테 비밀 암호를 보내!"

"오. 좋아, 좋아. 역시 소연이가 이해할 줄 알았어. 뭐로 하지?"

"음. 티가 나면 안 되니까 얼굴을 찡그릴까? 말로 할까?"

그렇게 탄생한 우리만의 비밀 암호는 '아이고 오늘따라 뒷골이 당기네'였다. 거북목 증증으로 늘 목덜미가 아픈 나에게 딱 맞는 위장술이었다. 딸에게 찡긋 신호를 보내며 암호를 말하면 딸은 엄마가 어쩔 수 없이 사춘기 오빠의 비위를 맞춰준다는 것을 이해하기로 했다.

역시 비밀 암호는 평화를 지켜준다.

목숨을 바쳐 독립운동하셨던 일제강점기 독립투사들에게도 비밀은 철저히 지켜져야 할 것이었다.

1919년 마련된 임시정부가 긴밀하게 연락하기 위해 마련된 망이 연통제다. 대동단(상하이에 있던 비밀 결사)과 함께 임시정부는 연통제 건설에 힘을 쏟았고, 곳곳에 연통제가 설립된다. 당시 연락 거점으로 많이 활용된 곳이 약국이다. 서울 중구에 있던 동화약방은 연통제의 본부 격인 장소였다. 동화약방을 운영하던 민강이 자신의 약국을 연통제로 두었다.

많은 사람이 드나들던 약방. 당연히 접선 암호가 필요했다.

"가정용 청심환 있습니까?"

청심환을 찾는 것이 암호였다고 한다. 이렇게 물으면 비밀 독립운동가라는 것을 파악하고 직원들이 민강에게 안내해 접선하거나 메모를 전달하는 방법이었다.

임시정부에서 또 비밀리에 활용했던 암호 편지가 있다. 아무것도 쓰여있지 않은 백지 같지만 불을 쬐면 글씨가 드러나는 비밀 편지다. 백반을 풀은 물을 붓에 적셔 한지에 글씨를 쓰면 얼핏 아무 글씨도 보이지 않지만 불을 쬐면 글씨 자국이 나타난다. 그를 통해 비밀리에 정보를 전달했다고 한다.

노끈 편지도 있다. 은밀하게 전달한 내용을 적은 편지를 촘촘하게 꼬아서 짐을 묶는다. 겉으로 볼 땐 짐을 묶은 노끈으로 보일 뿐이다. 기발한 방법들이 참 많았다.

한글의 자음(ㄱ,ㄴ,ㄷ...)을 아라비아 숫자(1,2,3...)로 대체하고 모음(ㅏ,ㅑ,ㅓ...)은 수를 나타내는 한자(一,二,三)로 표현하는 방식을 쓰기도 했다. 예를 들어 '2一'은 '나'이다.

비밀 암호를 사용하던 독립군들이 늘 조마조마한 마음으로 독립과 평화의 가치를 지키기 위해 고군분투하셨을 것을 생각하니 안쓰럽고 감사한 마음과 함께 묘한 동질감도 느껴진다.

"엄마, 내일 가족 여행가니까 나 오늘 게임 좀 더 하다 자도 되지? 학원이 늦게 끝나서 오늘 거의 못 놀았어!"

아들의 목소리가 미처 끝나기도 전에 딸이 어느새 소리친다.

"엄마! 오빠만 왜 더 게임해!"

"아. 소연아. 엄마 너무 뒷골이 땡긴다! 뒷골이 땡겨! 뒷골!"

"으앙. 알았어. 엄마……."

이 비밀 암호가 언제까지 효력을 가질지 자신은 없지만 일단 오늘 밤은 무사하다.

4-6.

정조가 알려주는 유연함

   고려를 세운 태조 왕건은 호족 출신이다. 호족이란 지방의 세력가를 말하는데 신라 말 권력을 잡고 있던 진골 귀족들에 대비되어 지방에서 성장한 세력가를 부르는 표현이다.

   천년의 역사를 자랑하는 신라는 8세기 후반부터 왕권이 급격히 흔들렸고 지방 통제력이 약해진다. 진골 귀족들은 서로 왕위를 차지하기 위한 쟁탈전을 벌였으며, 그 과정에서 성장한 호족들은 지방 각지에서 독자적인 힘을 키운다. 결국 신라는 후고구려, 후백제, 신라로 나뉘게 되고 후고구려의 뒤를 이은 고려가 삼국을 통일한다.

   삼국을 통일한 고려는 부인이 29명이나 되었다고 한다. 왕건이 많은 부인을 둔 것은 호족을 회유하기 위한 나름의 전략이었다. 송악 지역의 호족 출신인 왕건이 왕이 되었으니 신라 말부터 성장해 왔던 많은 지방 세력가 역시 호족으로서 왕위를 넘볼 수 있는 상황이었다.

   '나도 호족인데. 나도 왕을 할 수 있는 것 아닌가.'

태조 왕건은 호족들을 자신의 편으로 만들기 위해 여러 정책을 펼치는데 그중 하나가 혼인 정책이다. 왕건은 전국 각지의 유력 가문과 혼인 해 그들을 자신의 편으로 만들었다. 뿐만 아니라 땅을 주기도 하고 관직을 하사하며 호족에 대한 회유책을 펼쳤다.

하지만 회유책만 계속되다 보면 만만하게 보여 오히려 왕권이 약해질 수 있다. 따라서 왕건은 강경책도 함께 펼치는데 기인제도와 사심관제도가 그것이다. 호족의 자제를 인질로 잡아두듯 수도에 머물게 하는 것이 기인제도이고, 호족에게 사심관이라는 직책을 주고 그 지역에 대해 책임지게 하여 압박하고 견제하는 것이 사심관 제도이다.

태조 왕건은 통일 이후 왕권을 안정적으로 유지하기 위해 회유책과 강경책을 적절히 활용했다. 태조 왕건이 아니더라도 역사의 여러 왕조, 왕들은 회유책과 강경책을 함께 사용하는 이중 통치 체제로 중앙 권력을 유지하곤 했다.

우리도 사실 현실에서 회유책과 강경책을 자주 사용하고 있다. 엄마로서 아이들과 하는 많은 대화와 협상은 왕건 못지않은 유연함의 결과다.

"엄마, 나 오늘 학원 가기 싫어. 오늘 학교에서 체육 두 시간이나 해서 너무 힘들어. 쉴래."

라고 아이가 말한다면, 우리는 보통 이렇게 대응한다.

"그렇다고 학원 빠지면 안 되지. 너 학원 안 가기만 해봐. 게임 시간 없어."

이것은 강경책이다. 자신에게 주어진 일을 해내는 성실한 아이, 강인한 의지를 가진 사람으로 성장시키기 위해 기본적으로 강경책은 중요하다.

"많이 힘들겠다. 그래도 학원은 가야지. 어차피 보강해야 하고, 보강 안 들으면 진도를 따라가기 어렵잖아. 조금만 힘내자. 학원 다녀와서 엄마가 치킨 시켜줄게! 치킨!"

이것은 회유책이다. 아이와의 교감, 신뢰를 바탕으로 하는 긍정적 관계 형성을 위해 회유책 역시 필수적이다. 강경책만으로는, 회유책만으로는 절대 올바른 관계가 형성될 수 없다. 매번 치킨으로 달랠 수도 없는 노릇이고, 압박만 해서는 기대한 효과를 얻어내기 어려울뿐더러 관계를 어긋나게만 할 테니.

아이를 키울 때 수없이 많은 선택의 순간에 놓인다. 한 가지 정답만 강요하지 말고, 유연하게 생각할 줄 알아야 한다고 되뇐다. 때로는 원칙의 중요함을 알려줘야 하고 때로는 스스로 깨칠 수 있도록 숨통을 터주는 것도 중요하다. 유연하게 생각하는 힘은 부모가 가져야 할 가장 중요한 자세다.

무조건적인 반대와 무조건적인 관용을 자제하고 아이의 입장을 헤아려준다면, 아이는 제시해 준 지침안에서 조금씩 스스로 해결하는 방법을 배울 것이다. 올바른 방향과 지침안에서 아이들은 작은 성공과 실패를 반복해 나가면서 조금씩 바른길을 찾아간다. 직선이 아닌 곡선으로 걷느라 조금 늦을 수 있지만 그렇게 스스로 찾아나가는 시간을 통해 인생의 맛도 알아가리라 믿는다.

"만천명월 주인옹"

냇물은 만 개여도 냇물에 비치는 달은 하나인 것처럼 임금은 만백성의 주인이다, 달빛은 모든 사람에게 고루 비춘다는 뜻으로 재위 22년인 1789년에 정조가 직접 쓴 글이다. 주된 요지는 사람을 그 능력에 따라 활용하였다는 것이다. 선한 것은 드러내고 나쁜 것은 숨겨주고, 착한 사람에겐 자리를 주고 착하지 못한 사람은 물리치며, 그릇이 큰 자는 진출시키고 협소한 자는 포용해 주었다는 것. 누구나 장점과 단점이 있으니, 장점을 취하며 드러내서 적재적소에 쓰일 수 있게 하였다는 정조의 리더십이 훌륭하다. 국가유산청 자료로 인용하여 정조의 글을 정리했다.

"트인 자는 크고도 주밀하게 대하고, 막힌 자는 여유와 너그러움으로 대하며, 강한 자는 부드러움으로 유약한 자는 강함으로, 어리석은 자는 밝음으로 어리숙한 자는 조리로, 소견이 좁은 자는 텅 비고 넓음으로, 얄팍한 자는 깊고 침착함으로 대한다. 용감한 자에게는 방패와 도끼의 춤을 쓰고, 겁 많은 자에게는 창과 갑옷의 위용을 쓰며, 총명한 자는 심원함으로, 교활한 자는 강직함으로 대한다. 술로 취하게 하는 것은 진취적인 자를 대하는 방법이고, 좋은 술을 마시게 함은 고집스러운 자를 대하는 방법이며, 둥근 수레바퀴는 모난 자를 대하는 방법이고, 모난 옥돌은 원만한 자를 대하는 방법이다. 트이어 활달한 자에게는 나의 깊숙한 구석을 보여주고, 대범하고 묵중한 자에게는 나의 온화한 방울 소리를 들려주며, 말에 어눌한 자는 행동에 민첩하도록 경계시키고, 말재주에 능한 자는 숨겨 간직하도록 깨우쳐 준다. 깐깐하고 뻣뻣한 자는 산과 늪처럼 깊은 덕으로 포용하고, 멀리 외따로 도는 자는 이불과 장막으로 안정시키며, 명예를 좋아하는 자는 내실에 힘쓰도록 권유하고, 실속에 힘쓰는 자는 달관할 수 있도록 인도한다."

사람에 따라 유연하게 대처한 정조. 그는 세자 시절인 1760년부터 자신을 성찰하는 글을 썼다. 날마다 세 가지 기준으로 스스로에 대해 반성한다는 논어 구절에 감명받아 일기를 쓰기 시작했다고 한다. 그 성찰의 시간이 켜켜이 쌓여 정조의 유연한 내면을 만들었나 보다. 사람을 헤아릴 줄 아는 깨끗하고 밝은 눈을 가졌던 정조에게 유연함을 배운다.

4-7.

신사임당의 진짜 모습

 율곡 이이의 어머니이자 조선을 대표하는 현모양처로 손꼽히는 신사임당. 사실 사임당은 전통적인 여성의 역할에 국한된 모습을 보이지 않았다. 시부모님을 잘 모시며 남편과 자식을 위해 헌신하는 현모양처의 이미지와 달리, 시댁이 아닌 친정 근처 강릉에 38년간 머물며 화가로서 자기 일에 집중했던 여성이다. 남성 중심의 유교적 질서가 자리잡지 않은 조선 초기라 가능했던 일이기도 하다.

 율곡 이이가 어머니의 재능에 대해 높게 평가한 기록을 보면 신사임당이 화가로서 얼마나 높은 경지에 이르렀는지 알 수 있다. 아무리 재능이 있다고 한들 자신의 능력에 집중하고 노력하지 않는다면 사임당의 작품들이 예술적으로 높은 평가를 받기 어려웠을 것이다. 신사임당이 스스로에게 몰두한 인물이었다는 뜻이다. 희생적이고 가정 내 양육에만 헌신하는 현모양처의 이미지는 후대에 만들어졌다고 본다. 그렇다면 '현모양처'라는 표현은 잘못된 걸까? 현명하고 좋은 아내의 역할이란 무엇일까?

"엄마 오늘 방과 후 수업 학부모 공개수업 날이라 엄마들이 많이 왔는데 엄마가 없었어!"

이런 말을 들을 때면 가슴이 찌릿하다. 아이들을 위해 운동회, 공개수업, 학부모 상담 등 엄마로서 해줄 수 있는 것은 다 참여하고 싶은데 쉽지 않다. 물론 방과 후 공개수업이 필수 참석은 아니다. 하지만 적극적으로 참여하는 부모의 모습을 보여주고 싶어 최대한 참석하고 있었는데 이번에는 완전히 잊었다.

3학년이 되어 스스로 잘하는 아이를 보면서 마음을 놓았나 보다.

속상해하는 딸을 보며 자책했다. 뭐가 중요한데. 자식보다 중요한 게 어딨어. 근무를 더 늘리면 않아야 했는데. 노릇과 역할 속에서 매일같이 마음이 출렁인다.

1, 2학년 때는 최대한 출근 시간을 늦게 잡아 딸을 하교시킨 후 출근했다. 학원을 운영하기 때문에 가능한 일이다. 유독 엄마를 많이 바라고 찾는 아이라, 애틋한 마음에 잠시라도 만나 학교 앞 학원에 들어가는 것을 보고 난 후 출근해야 마음이 편했다. 엄마 껌딱지인 딸은 초등학교 4학년이 된 지금까지도 나와 떨어져 자본 적이 없다. 지척에 있는 외갓집에서조차, 그렇게 좋아하는 삼촌이 있어도 잠을 자기는 어렵다. 꼭 엄마와 함께 자야 한다. 친구들과 놀 때도 엄마가 서운하지는 않을지 한 번씩 달려와 나를 살펴보고 가는 딸의 마음을 알기에 힘들더라도 최대한 하교 시간을 챙기고 있었다.

하교 후 학원에 등원시키면 보통 2시. 숨차게 달려 출근해야 하는 시간이다. 그래도 엄마가 있는 하교 시간을 기다릴 아이를 생각하면 포기할 수 없었다. 하교 시간에 나와 있는 엄마들과의 찰나의 대화 역시 소중했다. 잠시라도 엄마들과 대화하면 아이의 학교생활을 알 수 있어 유용하다.

아이가 3학년이 되니 하교 시간에 나오던 엄마들의 모습이 하나, 둘 사라졌다. 나 역시 점점 빠듯한 일정이 버거워 소연이에게 스스로 하교를 해보도록 슬쩍 이야기해 보기도 했다. 다른 건 혼자 다 잘하는 아이가 하교 시간만큼은 쉽게 양보하지 않았다.

바쁜 일정에 지쳐가던 3학년 1학기, 아이에게 다시 조심스럽게 말을 건넸다. 때가 되었던 것인지 드디어 딸이 씩씩하게 상황을 받아들였다.

"알았어. 할 수 있어. 나 요새 학원 끝나고는 매일 혼자 다녀! 더 멀리 있는 학원까지 혼자 걸어간 적도 있어. 걱정하지 마. 엄마 다치면 안 되니까 조심히 다녀!"

내가 늘 바쁘게 다니니 다칠까 봐 걱정된단다. 딸의 말 한마디에 모세 혈관까지 사랑이 스민다. 혼자 하교를 시작한 한 학기가 지나고 여름방학 후 개학하는 날이 되었다.

"엄마, 나 오늘부터 등교도 혼자 해볼게. 아침에 같이 안 나와도 돼. 엄마 바쁘게 같이 나오지 말고, 집에서 쉬고 있어."

이럴 수가. 이번에는 딸이 먼저 이야기했다. 아침 등굣길에 혼자 가보겠다고 이야기하는 딸에게 대견하다는 칭찬을 갑옷처럼 입혀주고 힘껏 안아주었다. 이렇게 조금씩 엄마에게서 벗어나는구나. 그렇게 껌딱지 같아도 시간이 지나면 이렇게 스스로 할 수 있는 힘이 생기는구나. 그리고 엄마는 모든 과정을 응원해 주고 믿어주면 되겠다고 다시금 깨닫는 시간이다.

큰아이 때는 놓아주는 일이 더 힘들었다. 얼마 전까지만 해도 아들이 준비물을 하나 놓고 가면 걱정되어 발을 동동 구르다 학교로 달려갔다. 중학생이 되니 입시와 직결된다는 생각에 준비물이나 숙제를 놓고 가면 아주 큰 일 같았다. 보안관실에 맡겨두고 선생님께 메시지를 남겨두거나 사소한 상황일 때는 아이에게 메시지를 남겨두고 읽기만을 기다리며 다른 일을 못 했다. 내 아이가 혼나지 않기를, 불이익을 당하지 않기를, 불편하지 않기를 최우선 순위로 두는 엄마였다.

둘째까지 키우면서야 조금씩 알 것 같다. 결국 아이에게도 엄마와의 거리가 필요하고, 꼭 쥐고 있고 싶어도 아이가 혼자 서있을 수 있도록 손을 놓을 줄 알아야 한다.

아이의 손과 발이 되어줄 때는 늘 경계해야 한다. 내 도움이 아이에게 양질의 영양분으로 쓰일지 잉여 에너지로 남아 염증을 유발할 지방이 되어버릴지 말이다.

차마 떨어지지 않는 손을 조금씩 떼어두려 애쓰고 있다. **준비물을 놓고 가면 덜컥 마음이 쓰이지만, 그 또한 자기 책임인 것을 이제 배우겠다 싶어 불쑥 올라온 걱정을 애써 누른다. 혼나면서, 불편함을 느끼면서, 조금은 자책하면서 그렇게 배워갈 것이다. 자신에게 필요한 자세와 자신이 알아야 할 세상의 이치를 말이다.**

자식에게 모든 것을 다 해줄 수 없다고 자책하지 말자. 아이는 스스로 커나갈 수 있는 능력을 충분히 가지고 있다. 그 능력이 잘 발휘될 수 있도록 적당한 거리와 공간을 만들어두고 지켜볼 줄 아는 여유 있는 엄마가 되어야겠다고 다짐한다.

조급해하지 않고 자기 일에 몰두하는 또렷한 엄마의 모습이 아이에게는 가장 큰 자양분이라는 것을, 사임당을 떠올리며 다시 한번 되새긴다.

4-8.

엄마의 징비록

징비록은 부끄러운 잘못을 스스로 꾸짖고 앞으로 삼갈 것을 살펴본다는 의미이다. 임진왜란을 기록했던 유성룡은 『징비록』에서 전쟁을 기록하며 성찰하였다. 어렵게 지내온 과정을 돌이켜 무엇이 잘못되었고 무엇을 경계해야 하는지를 살피고 더 나은 미래를 만들고자 했다.

나 또한 자녀, 학생들과 함께 울고 웃던 기억을 되살려 마지막 장에는 아이와 다정하게 지낼 수 있는 양육을 위한 전략을 정리해 본다.

첫 번째, 아이와의 약속을 가장 중요하게 생각하기.

아이에게는 엄마의 한마디가 그 어떤 진리보다 소중하다. 아이와 한 번 결정한 내용은 최대한 번복하지 않고 지킬 수 있어야 한다. 아이들과의 관계에서는 신뢰가 가장 중요하다. 신뢰가 바탕이 되어야 이후 일어나는 모든 훈육이 성과를 낼 수 있다. 일관성 있는 모습은 육아의 기본이다.

얼마 전, 갑자기 추워진 날씨의 10월 마지막 주말, 온 가족이 워터피아를 다녀왔다. 수영을 좋아하는 딸과 올해 안에 꼭 워터파크를 가기로 약속했기 때문이었다. 올여름 수영장을 몇 번 다녀왔는데도 아이는 큰 워터파크를 가고 싶어 했다. 여름이 끝나갈 무렵, 시무룩해진 딸이 안쓰러워 추워지기 전에 한번 꼭 가자고 호기롭게 약속했다. 이후 각자의 바쁜 일정 탓에 쉽게 날짜를 정하지 못하고 있었다. 날짜가 빨리 정해지지 않은 이유는 네 식구가 꼭 같이 가야 한다는 딸의 간절한 조건 때문이기도 했다. 주말마다 축구로 바쁜 아들까지 구슬려서 떠나게 된 때가 결국 10월 마지막 주였다. 추워서 시퍼런 입술로 덜덜 떨면서도 행복해하던 딸의 말간 얼굴이 생생하다. 딸은 이렇게 외쳤다.

"역시 엄마! 엄만 약속을 잘 지켰어!"

나는 입김을 내뿜으며 겨우 속삭였다.

"다신 함부로 약속 안 할래. 너무 추워."

단순한 약속부터 지키기로 한 비밀까지. 아이들과의 약속은 꼭 지키도록 애쓴다. 혹시 지키지 못하더라도 아이들이 이해할 수 있도록 충분한 설명을 덧붙여주면 아이들은 이해해 준다. 보통 지키지 못한 약속을 대신할 더 커다란 타협안이 필요하지만 말이다.

두 번째, 공감 또 공감. 무조건 아이들의 이야기에 공감해 주고 경청해 주기.

"엄마, 이 축구선수 알아? 이거 봐봐. 진짜 잘 하지 않아? 이 사람이 케빈 더 브라위너야!"

아 또 축구 이야기. 머리 아프다. 하지만 절대 티를 내서는 안 된다. 최대한 흥미롭다는 표정으로 아들 말에 호응을 해줘야 한다.

"와. 진짜 대박이다! 어쩜 저래? 너도 저렇게 할 수 있을 것 같은데?"

칭찬은 필수다. 아이들과의 유대관계는 하루아침에 만들어지지 않는다. 엄마나 아빠가 내가 좋아하는 주제를 함께 공감해 준다는 것만으로도 아이들은 존중받는다고 느껴 기쁘다.

학원에서도 마찬가지다. 학원에서 특히 수다쟁이가 되는 아이들이 종종 있다. 친구들 이야기, 좋아하는 책 이야기, 다른 학원 선생님 흉보기까지 끝없이 이야기가 나올 땐 난감하다. 얼른 이야기를 끊고 수업에 들어가야 하는데 왠지 아이의 목소리가 애처롭다. 숨 쉬는 것 같다. 작은 아이가 큰 세상을 살아내면서 힘겹고 숨찼던 걸 쏟아내는 느낌이다. 그럴 땐 일단 최대한 집중해서 공감하며 듣는다. (물론 수업하기 싫어서 말만 많이 하는 아이들을 구분하는 것은 필요하다).

아이가 어릴 때 부모는 아이의 행동에 쉽게 감격한다. 공감하고 감격하고 경청하는 태도가 기본적으로 장착되어 있더라. 하지만 아이들이 자라서 초등학교 고학년이 되고 중학생이 되면, 발달 과정상 감탄할 일이 크지 않아서인지 아이뿐 아니라 부모의 입과 귀도 함께 닫힌다.

"우리 아이가 말이 없어요. 물어봐도 말을 안 해요. 방문 닫고 들어가서 혼자 뭘 하나 모르겠어요."

속상해하는 엄마들을 살펴보면 그녀들의 질문이란 어른 입장의 궁금증일 뿐이다. 학교 이야기, 성적 이야기, 시험 이야기. 그런 뻔한 이야기를 던지기 전에 아이들이 좋아하는 것에 대해 함께 이야기해 주면 좋겠다. 물론 어렵다. 당장 급한 학원 진도나 일정, 성적 이야기가 목구멍에서 비집고 올라와도 때론 참아야 한다. 정말 아이와 대화하고 싶다면 답답해도 참고 아이가 나누고 싶어 할 대화를 생각해 보자. 용돈은 부족하지 않은지, 어떤 친구가 가장 게임을 잘하는지, 어떤 노래를 듣는지, 축구나 농구 중에 더 잘 맞는 운동은 뭔지 등 아이가 나누고 싶어 하는 이야기를 생각해 내면 좋겠다.

어려서부터 아이들이 말을 걸어올 때 바쁘다고 외면하거나 건성으로 대답하지 말고, 진심을 귀를 기울이는 것이 중요하다. 리액션의 여왕이 되어보자. 아이의 사소한 일상을 공감하고 함께 즐거워해 준다면 고학년이 되고 중고등학생이 되어도 함께 이야기를 나누는 관계가 되어 있을 것이다. 다 자라 이미 대화를 포기한 아이에게 갑자기 질문을 늘어놓으면 아이의 입은 더 굳게 닫힐 수도 있다.

함께 공유하는 취미가 있으면 갈등 극복에 큰 도움이 된다. 게임이든 운동이든, 그림 그리기나 다이어리 꾸미기라도, 아이들과 함께하고 공유하는 요소가 있으면 좋겠다.

세 번째 전략, 아이들에게 주도권을 주기.
아이들이 시도 때도 없이 묻고 허락을 구해서 엄마들은 괴롭다.
"엄마, 이거 먹어도 돼?"
아이들은 냉장고에 있는 주스를 하나 먹을 때도 물어보고 먹는다. 게임을 해도 될지, 친구와 놀아도 될지, 이 옷을 입어도 되는지, 늦게 자도 되는지 끊임없이 묻는 아이들을 마주하고 있으면 매번 생각하고 판단해야 해 괴롭다. 다른 선생님들이나 엄마들과 만나 대화를 해봐도 크게 다르지 않다.

초등학교 2학년을 전후한 시기로는 주체적인 자아 형성이 이루어지도록 이끌어야 한다. 이 시기 아이들에게는 스스로 타당성을 생각해 볼 수 있도록 해보자.

"이제부터는 네가 스스로 생각하고 엄마한테 의견을 말해줄래? '엄마 오늘은 주말이니까 조금 늦게 자도 될 것 같아요.'라든가 '오늘은 공부를 많이 한 날이니까 게임을 조금 더 허락해 주세요' 이렇게 말이야. 네 말이 타당하면 엄마가 최대한 허락해 줄게!"

엄마한테 단순히 묻고 결정하기보다는 그 전에 자신이 왜 그렇게 하고 싶고 왜 해야 하는지에 대한 타당성을 찾는 연습을 하면 늘 자신과 주변을 돌아보고 생각하는 아이로 자랄 수 있다. 그리고 자신이 한 결정이기 때문에 더 책임감을 느끼고 행동할 수 있다. 엄마 역시 매번 아이들의 요구에 관한 판단의 부담을 조금은 줄일 수 있다.

네 번째 전략, 공식적인 토의 시간 갖기.

앞서 살펴본 여러 노력에도 불구하고 육아 시기별로 아이들과는 갈등이 끊이지 않는다. 이때는 단순히 공감하거나 아이들에게 결정권을 줘버리면 더 힘들어질 때가 있다. 갈등이 많아지면 분명 반복되는 문제가 있다. 따라서 먼저 갈등의 원인을 찾는다. 다음은 형식이 갖춰진 토의를 거쳐 이견을 조율한다. 마지막으로 결정 내용은 문서화한다.

우리 집에서 아들과의 갈등의 원인은 주로 아들의 태도와 게임 시간의 문제였다. 그에 대해 여러 번 감정적 훈육에서 실패하고 작년부터는 가족회의를 열기 시작했다. 공식적인 자리임을 표명하면 한층 달라진 분위기에 문제점을 깊이 파악하거나 객관적인 대화를 주고받을 수 있다. 주된 갈등 인물인 부모와 자녀 외에 나머지 가족 구성원이 함께 해야 한다. 그래야 객관화가 이루어지고 책임감도 느껴진다.

결정된 내용은 문서로 적어 보이기 쉬운 곳에 붙여 놓는다. 이왕이면 문서 작성을 해서 출력하는 것이 좋다. 우리 집 냉장고에는 현재 두 가지의 문서가 붙어 있다. 9.21 협정과 7.20 회의문이다.

아이들과 무슨 협정문까지 작성하나. 육아하다 보면 말 그대로 '현타'가 오는 순간이 있다. 우리의 육아는 한 생명체를 요리조리 다듬으며 키워가는 과정이다. 나라 건국이나 독립전쟁 이상으로 치밀하고 전략적으로 이루어져야 하지 않을까? 아이들의 심리를 살피고, 아이들에게 최적의 육아를 고민해야 하는 것이 부모의 의무인 동시에 행복이다. 그 모든 거친 순간들을 조금 더 기쁨으로 받아들였으면 좋겠다.

처음, 이 아이를 낳아 품에 안았던 그 순간처럼, '손가락, 발가락 다섯 개씩 다 있나요?' 떨리던 목소리로 물었던 그 순간처럼, '건강하게만 자라다오.' 간절히 빌던 때때의 순간처럼 아이와 함께하는 시간이 가진 본질적 의미를 잊지 않고 행복한 부모들이 많아졌으면 좋겠다.

Special interview

'아들에게 솔직함을 배운다'

한참 원고를 쓰던 2025년 봄날 어느 새벽, 글을 쓰고 있으면 수시로 와서 읽고 가던 아들이 이제는 흥미가 떨어졌는지 보는 둥 마는 둥 하고 지나쳐 자기 방으로 들어갔다. 아들의 무관심이 조금은 다행스러웠다.
 에세이 공저를 몇 권이나 썼지만 아직도 내 이야기를 하는 것에 대한 두려움과 부담이 있다. 정확히 이야기하면 나 한 명에 대한 부담이라기 보다는 자신의 이야기가 언급되는 것에 대해 식구들이 꺼리지는 않을지에 대한 걱정과 우려였다.

"아들, 네 얘기가 꽤 나오는데, 괜찮아? 쓰다가 보니까 네가 싫어할까 봐 걱정되더라고."

"뭐, 어때. 난 상관없으니까 재미있게 쓰슈."

싱긋 웃어 보이며 방으로 들어가는 아들이 새삼 듬직해 보인다. 이렇게 멋졌나? 성격이 참 좋네? 아이의 장점을 꼽아보고 자랑해 본 지가 언제였더라. 늘 눈앞에 닥친 문제들로 치열한 일상을 보내다 보니 아이의 장점을 잊고 살았던 것 같다.

우리 아들은 이렇다. 솔직하고 털털하며, 작은 일에 연연하지 않는다. 마음에 감춰두지 않고 분노든 기쁨이든 그때그때 표현할 줄 아는 아들. 즐거움도 슬픔도 다 드러나는 순수한 아들이다.

사춘기 아이들은 자신도 모르게 울컥울컥 화가 난단다. 느낌을 표현하고 마음을 다듬어가면서 자신의 감정을 이해하고 통제할 줄 알게 되는 것은 성숙해지는 당연한 과정이다. 무람없어 보이는 이 과정은 철이 들어가고 있는 자연스러운 모습이다. 부모도 자식도 마찬가지다. 덕분에 사소한 갈등이 끊이지 않지만, 이 또한 감사할 일이라는 것을 이제는 아이도 나도 알게 됐다.

마음껏 써도 된다고 했으니 아들 흉을 실컷 볼까 싶은 짓궂은 마음과 부담이 덜어져 한결 가벼워진 마음으로 그날은 새벽녘까지 계속해서 글을 써 내려갔다. 아이들에게 배운다. 솔직할 힘. 명징하게 나를 표현할 힘.

엄마를 닮았는지, 의외로 책과 글을 좋아하는 아들과 언젠가는 함께 한 권의 책을 함께 완성하는 날이 왔으면 좋겠다는 상상을 하면서 새벽녘 기분 좋게 노트북을 덮었다.

 마치는 글

이 책은 역사 에세이다. 정통 역사책이 아닌 에세이라 대중을 위해 역사를 어렵지 않게 풀어내는 것이 목표였다. 역사 에세이에는 두 단계가 필요했다. 먼저 나의 이야기와 역사 속 인물을 연결하는 과정과, 두 번째로 그를 통해 현대를 사는 부모들을 위한 지혜를 끌어내는 과정이다. 에세이 속 인물들은 결코 가벼운 삶을 사신 분들이 아니기에 값진 그들의 삶의 무게를 온전히 담아내지 못할까 봐 고민했고, 나의 소소한 삶의 편린과 역사의 조각을 맞춰내는 것이 조심스러웠다. 늘 역사를 말하는 직업을 가지면서도 매일 부족함을 자각하고 마음의 빚을 느끼며 살아온 터라 더 우려스러웠는지도 모르겠다.

글을 쓰는 동안 글 속에 등장한 많은 역사 인물을 한 명 한 명 만난 것 같은 환상에 빠지곤 했다. 에세이를 쓰는 동안 글을 쓰는 나의 마음을 다잡을 겸 틈틈이 역사적 장소를 찾아다녔다. 양평 여운형 기념관도 다시 찾아가고, 가까이 두고 가보지 못한 도산공원 안창호 기념관도 다녀왔다. 나혜석의 전문을 찾아 읽어보기도 하고 먼지가 쌓여 있던 조선왕조실록을 다시 꺼내 펼쳐 역사의 온기를 놓칠세라 누런 종이를 손가락으로 더듬으며 다시 보고 또다시 보았다. 역사와 사람에 대한 나의 진심과 사회와 나라를 위해 치열한 삶을 살아간 그들의 열정이 조금이나마 전해지기를 소원하며 글을 썼다.

에세이를 완성하며 우리에게 필요한 가치로 딱 세 가지만 강조하고자 한다.

먼저 '유연함'이다. 글을 마치고 나니 과거에서 나온 메시지가 같은 방향을 가리키고 있다는 것을 깨달았다. 아이들을 대하는 자세뿐 아니라 삶을 살아가는 어른의 자세로도 가장 중요한 가치가 '유연함'이었다.

아이마다 기질이 다르다. 나 역시 옆 사람과 다르듯이 말이다. 어떤 육아 비법서도 우리 아이에게 정답이 될 수는 없다. 내 아이의 성향과 기질, 강점과 약점에 대해 늘 고민하고 상황에 맞게 아이를 이끌어줄 수 있어야 한다. 다른 아이보다 예민하고 투정이 많다는 것은 그만큼 섬세하고 감성이 풍부하다는 것이다. 산만하지만 활동력이 좋은 아이, 숫자는 싫어해도 자연 관찰을 즐기는 아이, 읽기는 싫어해도 쓰기는 좋아하는 아이 혹은 그 반대까지. 수많은 아이가 모두 각자 내면에 빛나는 보물을 품고 있다. 아이들은 각자의 빛깔로 삶의 실타래를 풀어 나갈 것이다. 그 모습을 신뢰의 눈빛으로 지켜봐 주는 것만으로도, 부모의 유연한 마음만으로도 아이들이 큰 위안과 자신감을 얻을 것이라고 믿는다.

두 번째는 아이들의 '마음 챙김'이다. 2장과 3장에 주로 등장하는 조선 왕과 그들의 부자 관계를 통해 자식을 대하는 태도를 살펴보았다. 부모의 힐난과 주변 환경의 갈등 속에서 자란 조선의 왕세자들은 불안정한 정서 속에서 고통받았다. 나의 아이에게 우리가 해줄 수 있는 가장 중요한 역할은 단단하고 안정적인 바탕을 만들어주는 것이라 생각한다. 시험 점수 몇 점 올리라는 지청구보다 그 이상 올라갈 수 있는 삶의 바탕, 자신을 믿는 힘, 따뜻하며 안정적인 내면을 만들어주는 것이 필요하다. 그러기 위해서 부정적인 감정적 훈육을 자제하고 아이들의 마음을 진심으로 헤아리는 것이 중요하다. 학업 못지않게 부모와 자녀의 관계 형성과 정서적 성장이 중요한 시기, 아이와의 다정한 교감을 끝까지 최고의 가치로 둘 수 있으면 좋겠다.

어른의 생각만이 정답이 아니다. 인간다움에 대한 깊은 성찰을 담은 책 『내가 틀릴 수 있습니다』 작가는 이야기한다. 갈등의 싹이 트려고 할 때 이 주문을 세 번 반복하라고.

"내가 틀릴 수 있습니다. 내가 틀릴 수 있습니다. 내가 틀릴 수 있습니다."

어른의 시선과 고집을 내려두고 아이의 시선에서 아이의 마음을 챙길 줄 아는 어른이 되어야겠다.

세 번째는 소통과 공감이다. 아이들의 마음을 챙기려면, 아이들의 기질과 정서 변화를 알아채고 그에 맞는 대응을 해주어야 한다. 그러기 위해서는 아이들과의 소통이 가장 중요하다. 소통은 공감으로부터 시작된다. 아이의 의견과 마음을 긍정하고 공감하며 이야기를 시작하자. 모순적이지만 나는 가끔 강제적인 소통을 하기도 한다. 오랜만에 다 같이 모여 밥을 먹을 때, 아이가 휴대폰 화면만 볼 경우가 있다. 그럴 때는 장난 반 엄숙함 반을 섞어 이야기한다. 온 가족이 모여 식사하는 건 일주일에 몇 번 안 되는 귀한 시간이니, 휴대폰 놓고 대화를 하자고. 큰 아이는 늘 할 말이 없다고 한다. 그렇다면 '의무'적으로 학교에서 있었던 일 3가지 이야기하기 미션을 준다. 아주 단순하게, 급식

메뉴 이야기도 좋고 어떤 과목 수업이 있었는지도 좋다고 말이다. 억지로라도 떠올리다 보면 아이들이 이야기를 풀어나간다. 물론 몇 마디 안 되게 끝날 때도 있다.

아침부터 투덜거리던 아들을 혼낸 날이었다. 여러 상황을 빗대어 설명을 해주고 고통스러운 세계 곳곳의 아이들까지 끌어와 설명을 해주어도 아들이 일상의 감사함을 느끼지 못했다. 그럴 수 있다. 그 또한 강요할 수 없다. 그렇다면? 말을 멈추고 투정 부려 부모님을 힘들게 한 것에 대한 벌칙으로 '감사한 것 20개 말하기' 미션을 주었다. (물론 아이의 기분이 조금 누그러졌을 때나 시킬 수 있는 일이긴 하다). 힘겹게 스무 개를 채우던 아들. '민주주의 국가에 태어날 수 있었던 것'까지 감사하다고 했다. 억지로라도 찾다 보면 조금은 달라지지 않을까 싶은 마음이었다. 그렇게라도 이야기하지 않으면 아이들과의 대화는 단절될지도 모른다.

아이와 나의 내면에 대해 사유하는 어른이 되었으면 한다. 우리는 아이들에게 책 읽고 생각하기를 강조하지만, 이는 어린이와 청소년들에게만 국한된 이야기가 아니다. 우리 어른들도 읽고 사유하며 또렷한 방향을 찾아나갈 수 있었으면 좋겠다. 뇌가 발달하는 시점이라는 아이들 못지않게 삶의 방향을 찾아야 하는 우리 부모들에게도 책이 참 필요하다. 그리고 그 방향을 제시해 줄 수 있는 역사의 메시지에도 귀를 기울일 수 있었으면 좋겠다. 인문학의 쓸모는 지금 이 4차 혁명의 시대에 더 존재하는 것 아닐까?

2025년, 가을. 홍쌤 홍순지

사史심을 담다

역사가 이어주는 부모와 자녀의 이야기

초판 1쇄 발행일 2025년 11월 15일

지은이 홍순지

발행처 히스토리퀸

발행인 김연수

주소 경기도 용인시 기흥구 동백8로131번길 9

출판 등록 2022년 7월 20일 제2022-000078호

이메일 kys8702@naver.com

디자인 서승연

일러스트 해화

인쇄 열림씨앤피

값 18,000원

ISBN 979-11-993108-0-3 (03910)

이 책은 저작권법에 의해 보호받는 저작물이므로 무단 전재와 무단 복제를 금합니다.
잘못 만들어진 책은 판권지의 연락처로 문의주시면 새로 드립니다.
책값과 바코드는 뒷표지에 있습니다.